广西社会科学院学术专著出版资助项目

经济管理学术文库·经济类

广西与全国同步建成
小康社会评价指标研究

Research on the evaluation index of building an
established well-off society in Guangxi and the whole
nation in the sync time

邵雷鹏／著

经济管理出版社
ECONOMY & MANAGEMENT PUBLISHING HOUSE

图书在版编目（CIP）数据

广西与全国同步建成小康社会评价指标研究/邵雷鹏著.—北京：经济管理出版
社，2017.6
ISBN 978 - 7 - 5096 - 5165 - 0

Ⅰ.①广…　Ⅱ.①邵…　Ⅲ.①小康建设—评价指标—研究—广西　Ⅳ.①F124.7

中国版本图书馆 CIP 数据核字（2017）第 135635 号

组稿编辑：曹　靖
责任编辑：杨国强　张瑞军
责任印制：黄章平
责任校对：王纪慧

出版发行：经济管理出版社
　　　　　（北京市海淀区北蜂窝 8 号中雅大厦 A 座 11 层　100038）
网　　　址：www. E - mp. com. cn
电　　　话：（010）51915602
印　　　刷：北京玺诚印务有限公司
经　　　销：新华书店
开　　　本：720mm×1000mm/16
印　　　张：10.5
字　　　数：196 千字
版　　　次：2017 年 8 月第 1 版　　2017 年 8 月第 1 次印刷
书　　　号：ISBN 978 - 7 - 5096 - 5165 - 0
定　　　价：68.00 元

序

阳国亮(广西大学区域发展研究院院长)

全面建成小康社会已进入攻坚阶段。"十三五"规划明确和细化了全面小康的各项指标,后发展地区如何跟上全国步伐,如期实现全面小康更需要研究和量化。尽管各地已通过各地的"十三五"规划作了这项工作,但由于视角和理念的差异,仍有一些问题要不断思考,以期在全面小康推进中不断深化和调整。因此,全面建成小康社会中央和地方的目标体系对比动态研究的必要性自然就显示出来了。

"天下将兴,其积必有源",要研究全面建成小康社会的具体指标,首先要在理念上把握全面小康社会的思想来源及其对指标体系的基本考虑。小康社会是邓小平同志对中国经济社会发展深思熟虑所取得的重大的思想成果。"小康"作为中国人的社会理想有其自身的内涵,简言之即薄有资财,安然度日。"三十亩地一头、老婆孩子热炕头"曾经是无数普通百姓的最高理想,尽管境界平平,但可以作为小康社会的通俗解释、朴素理想。1979年邓小平提出社会主义现代化"三步走"战略的时候,首次提出"人民生活达到小康水平"并将其作为第二步战略目标的质量规定。此时,"小康"既继承了传统文化,又被赋予全新的内涵,注入了中国特色社会主义的全新内容。1984年6月,邓小平在接见日本友好人士时谈道:"所谓小康,就是到本世纪末,国民生产总值人均达到800美元。这对你们来说也还是低水平,但对我们来说是雄心壮志。中国有10亿人口,到那个时候12亿人口,国民生产总值可达到1万亿美元,如果按资本主义的分配方法,算不了什么,还摆脱不了贫穷落后状态,也就是只有百分之几的人生活好,百分之九十几的人生活还是贫困。但如果按社会主义的分配原则,就可以使全国人民普遍处于小康状态。这就是我们为什么坚持社会主义道路。不坚持社会主义,中国的小康社会形成不了。"党的十二大、十三大将邓小平的战略设想确定为全党全国人民的长期奋斗目标。1990年,党的十三届七中全会对小康目标做了更详尽的描绘:"人民生活从温饱达到小康,生活资料更加丰裕,消费结构趋于合理，居住条件明显改善，文化生活进一步丰富，健康水平进一步提高，社会服务设施不断完善。"邓小平确定的小康社会目标既具体实在又宏伟高尚，这一目标与人民群众的生活水平紧密相连，激发和调动了广大人民群众投身中国特色社会主义的积极性和创造性，避免了社会主义建设史上"赶超急躁病"，克服了长期存在的急于求成的倾向，使党的奋斗目标切合我国社会主义现代化建设的实际，使我们党对社会主义建设规律的认识进入科学的轨道。

全面建设小康社会是一次新跨越。经过十一届三中全会以来20多年的改革发展，小康社会建设取得了世界瞩目的成就。党的十六大向全世界宣布：我国"人民生活总体上达到小康水平"，胜利实现了现代化建设第二步战略目标。"这是社会主义制度的伟大胜利，是中华民族发展史上的一个新的里程碑"。与此同时，党的十六大报告又实事求是地指出："我国已达到的小康还是低水平的、不全面的、发展很不平衡的小康。"由此，提出了全面建设小康社会的新的战略任务。全面建设小康社会的提出，是小康社会战略目标的深化和提升，是社会主义现代化建设进程中必经的历史阶段。

全面小康社会战略目标首先是针对在一些地方发展实践中实际存在的一种单纯追求 GDP 指标而忽视全面发展的倾向而提出的。总体小康必须实现全面发展才能持续提升；社会主义现代化需要的是全面发展，单纯追求 GDP 指标的倾向会导致经济社会发展不可持续，必须加以纠正。同时，从小康社会到社会主义现代化还有一个中间发展阶段，小康建设取得的成就的确为社会主义现代化的实现提供了新条件和新起点，但从小康社会到社会主义现代化，有一个由低到高的长期发展过程，这个过程长达半个世纪。只有全面发展，才能为社会主义现代化建设不断提供发展动力。从小康到社会主义现代化更重要的是解决经济社会发展的诸多深层次问题。这些深层次问题集中表现在贫困人口全面脱贫，收入差距全方位缩小，经济结构包括城乡结构、产业结构、就业结构的全面优化，环境治理和生态环境的优化等诸多问题的全面实现上。这些问题的解决都是系统工程，需要全面系统地推进。全面小康社会战略目标就是顺应时代发展要求的战略设计，是我国社会主义现代化建设的中间步骤，是党对社会主义现代化建设规律的全新探索。

地区间的不平衡发展是在全面建设小康社会要解决的经济社会发展诸多深层次结构性问题中的重要问题之一。虽然我国总体上实现了小康，但经济发达地区与落后地区之间发展水平差距过大的情况仍然没有改变，部分地区的差距不是缩小了而是扩大了。以人均 GDP 为例，1991 年东部约为西部的 1.68 倍，2001 年扩大到 2.44 倍，省际间相比差距更大。地区间收入差距过大的情况对中国经济社会进一步发展是一个严峻挑战。全面建设小康社会的重要任务之一就是要实现由地区间的不平衡发展向地区间平衡发展转变。

经过十几年的努力，地区间发展差距出现了新变化。后发展地区经济社会在全国整体带动和自身的努力下有了较大发展，即便在经济新常态下，一些后发展地区发展速度也超过全国平均水平。2016年统计数据显示：西部地区各省份经济增长速度普遍较快。

2016 年西南地区各省（自治区）经济增长情况

地区	广西	四川	贵州	云南	西藏
生产总值（亿元）	18245.1	32680.5	11734.4	14870.0	1148.0
同比增长（%）	7.3	7.7	10.5	8.7	11.5

资料来源：2016 年各省、市、自治区国民经济和社会发展统计公报。

同时，经济较为发达的沿海沿江省市经济增速仍处于高位。

2016 年东部地区各省（市）经济增长情况

地区	上海	江苏	浙江	山东	广东	福建
生产总值（亿元）	27466.2	76086.2	46485.0	67008.2	79512.1	28519.2
同比增长（%）	6.8	7.8	7.5	7.6	7.5	8.4

资料来源：2016 年各省、市、自治区国民经济和社会发展统计公报。

由上可知，东部沿海各省（市）经济增长都超出全国平均数，增速都较高。这说明，地区间的经济差距在发展新平台上仍存在拉大的趋势。

发展不平衡是中国的基本国情。社会主义现代化建设要在不平衡发展进程中实现相对平衡。地区之间发展差距将在较长的时间内一直存在，但差距不能过大，更不能扩大，只有逐步缩小差距才能实现社会主义现代化。缩小差距的基本途径是"三管齐下"：一是不断加大对中西部小康和现代化建设的力度，创造后发展地区加快发展的条件；二是发达地区加深对落后地区的带动和扶持的协同度，从资金、技术、人才等方面提供帮助，开展合作，实现资源共享、优势互补，在协同中实现双赢；三是后发展地区因地制宜，发挥自身特点和优势，在协同中学习东部地区的现代化管理水平，解放思想，探索跨越式发展道路，力争在全面实现小康社会中逐步缩小差距。

缩小地区间的发展差距最重要的是要依靠后发展地区自己。后发展地区的发展需要外部的援助，但最终要建立在自身努力的基础上，因为，外因终究是要通过内因起作用的。后发展地区要根据国家制定的全面建设小康社会指标体系评估自己的实现程度，找到与全国发展的差距，形成赶上全国步伐，缩短与发达地区差距的目标体系。

当前，我国已进入全面建成小康社会的攻坚冲刺阶段，后发展地区更需要开展全面小康目标体系评估，在与全国及发达地区比较中看到本地区的进步和差距，了解本地区处于的发展阶段，找到自己的薄弱环节，以攻坚冲刺全面小康为动力，采取有力措施，尽可能缩小差距，赶上全国及发达地区的发展步伐。

广西属"老少边山穷"地区，21世纪以来，在加速发展经济、加大对外开放、加快社会进步、加强生态平衡等方面取得较大进步，但与全国相比，特别是与发达地区相比还有较大差距。在全面小康战略目标最后冲刺阶段，缩短差距、追赶先进，任务尤为繁重。对于广西距离全面小康到底还有多远，薄弱环节到底在哪里，更需要进行全面的评估、比较和量化。

《广西与全国同步建成小康社会评价指标研究》（以下简称《研究》）一书正是适应上述要求所作出的研究新成果。这一研究成果具有三大特点：

一是选题有现实意义。广西与全国同步建成小康社会既是实现伟大中国梦的迫切需要，也是广西人民的殷切希望。《研究》以广西与全国同步建成小康社会为核心展开了评价指标研究，既简要说明了同步建成的重要性和必要性，又分析了广西实现同步建成的现状和努力方向，对于广西明确攻坚冲刺的方向和具体目标具有参考指导作用，有利于广西跟上全国步伐，缩短与全国和发达地区的差距，其现实意义是明显的。

二是研究内容较为充实完整。《研究》对广西与全国同步建成小康社会的评价指标研究内容进行了全方位的考察，相关问题基本都涉及到了。作者从全面小康社会理论形成与发展入手，梳理和比较了各部门、各省（市、区）制定的全面小康社会评价指标体系，从中借鉴和吸收了它们的经验，明确了广西自己的评价方法。在分析广西与全国同步建成小康社会面临的形势和进程评估的基础上，测算出广西与全国和发达地区的主要差距和薄弱环节，广西全面建成小康社会预期目标及具体指标，最后提出对策建议。从总体上看，逻辑清晰，全面完整。

三是研究方法切实恰当。《研究》通过测算分析、预测评估、多向比较使广西与全国同步建成小康社会面临的形势得到清晰的展现和量化。特别是通过比较方法将广西情况与苏、浙、湘、黔等各省份进行比较，将广西放在多维空间进行考察，则使人们对广西的认识更立体、更全面、更切实。

综上所述，全面建成小康社会攻坚冲刺阶段，需要明确、具体的目标体系作为标杆，引导、凝聚、激励各方力量努力实现。广西作为后发展地区，跟上全国及先进地区步伐、同步建成小康社会具有重要的战略意义。《研究》适应了这一战略要求，在与全国及相关地区比较的基础上，研究了广西同步建成小康社会的具体评价指标，其实际应用价值是明显的。期望能有更多的具有实际应用价值的成果如泉涌流，为实现"广西梦"，同时为实现"中国梦"贡献力量。

　　是为序。

2017 年 8 月 2 日于碧云湖畔

目　　录

第一章　全面小康社会理论形成与发展

　　"小康"思想在我国源远流长，已有几千年的发展历程。"小康社会"是中国古代传统文化中描绘的一个与理想社会最高阶段"大同社会"相递进的理想社会的初级阶段[①]。"康，安也"，小康指广大人民群众的生活水平处在介于温饱和富裕之间的比较殷实的发展阶段[②]。在此阶段，国家综合实力进入世界中等发展水平，人民生活水平在温饱基础上有了进一步提高，达到丰衣足食、安居乐业、生活殷实的水平，但不够富裕的一种状况[③]。小康社会是一个社会生产力不断发展，人均国民生产总值和人民生活水平不断提高，国家综合国力特别是经济实力显著增强的社会发展阶段。

第一节　古代的小康社会思想

　　"小康"一词最早出现在《诗·大雅·民劳》中，"民亦劳止，汔可小康，惠此中国，以绥四方"。意思大致是说老百姓辛勤劳作，期望能够过上安康、平安的幸福生活，这是先辈们最早憧憬的小康生活。小康作为一种社会发展形态的描述，最早见于我国古代典籍《礼记·礼运》。典籍中记载了先贤孔子与其著名弟子子游的一段对话。在对话里，孔子详细阐述了"大同"和"小康"观。孔子认为夏代以前存在着一个大同社会，即"大道之行也，天下为公，选贤与能，讲信修睦。故人不独亲其亲，不独子其子。使老有所终，壮有所用，幼有所长，鳏寡孤独废疾者皆有所养。男有分，女有归。货恶其弃于地也，不必藏于己。力恶其不出于身也，

---

① 杨晶石. 从总体小康到全面小康　中国式现代化的必经之路 [D]. 哈尔滨理工大学硕士学位论文，2007.

② 王晓红. 黑龙江省全面建设农村小康社会问题研究 [D]. 东北农业大学硕士学位论文，2004.

③ 黄佳玲. 小康问题研究综述 [J]. 经济学情报，1996（4）.

不必为己。是故谋闭而不兴，盗窃乱贼而不作，故外户而不闭，是谓大同①"。孔子在这段话中所描述的"大同社会"是一种美好的原始共产主义社会，在经济方面实行财产公有制，在政治方面实行广泛的民主，人们过着和平安定的生活。"今大道既隐，天下为家，各亲其亲，各子其子，货力为己，大人世及以为礼，城郭沟池以为固，礼义以为纪，以正君臣，以笃父子，以睦兄弟，以和夫妇，以设制度，以立田里，以贤勇知，以功为己，故谋用是作而兵由此起，禹汤文武成王周公由此其选也。此六君子者，未有不谨于礼者也。以著其义，以考其信，著有过，刑仁讲让，示民有常。如有不由此者，在势者去，众以为殃。是谓小康"。大同社会可望而不可即，于是小康社会便成为人民追求的现实目标②。

东汉著名的学者何休将关于"大同""小康"的描绘发展成为包含衰乱世、升平世和太平世的"三世说"③，"太平世"也就相当于大同社会，"升平世"则相当于小康社会。何休的论述深化了对社会历史发展规律的认识，由野蛮到文明，由落后到进步。宋代著名文学家洪迈提出了"然久困于穷，冀以小康④"，小康被赋予成为人们摆脱贫困、追求富裕的现实愿望。宋朝著名思想家朱熹认为由"大贤"实行"王道仁政"，小康之世就会出现，"千五百年之间……不无小康⑤"。朱熹认为汉朝的"文景之治"、唐朝的"开元盛世"等应该算是小康社会。明代著名思想家黄宗羲提出了"均田"的设想，主张"工商皆本"以富民，使小康的追求隐约有了一丝"现代化"的文化意蕴。

综述可以看出，《诗·大雅·民劳》中所说的"小康"，是在有等级的封建社会下儒家学说的一种理念，而现在所说的小康、全面小康，是我国社会主义建设中一个历久弥新的方针和路线，亦是一种坚定不移的制度安排，亘古以来史无前例，是以中华民族伟大复兴为目标的伟大创举。

第二节　邓小平现代化建设理论和"三步走"战略构想

小康社会发端于邓小平1979年关于楼上楼下、电灯电话等内容的"小康之家"的描述。1979年12月6日，邓小平同志在会见日本前首相大平正芳时，第

① 引用《礼记·礼运·大同篇》。
② 王兵. 传统小康社会思想与全面建设小康社会［D］. 东南大学硕士学位论文，2004.
③ 何休《春秋公羊解诂》。
④ 洪迈《夷坚甲志·五郎君》。
⑤ 朱熹《朱文公文集·答陈同甫》。

一次把四个现代化与小康社会联系起来，他说："我们要实现的四个现代化，是中国式的四个现代化。我们的四个现代化的概念，不是像你们那样的现代化的概念，而是'小康之家'。"① 邓小平在这里把实现四个现代化与实现小康社会结合起来，并第一次提出要在 20 世纪末使人民生活达到小康。不难看出，邓小平一开始就把现代化建设与小康社会建设联系在一起，体现出中国式现代化建设以人为本的原则。

1982 年，中国共产党第十二次全国代表大会提出从 1981 年到 20 世纪末，我国经济建设总的奋斗目标是：在不断提高经济效益的前提下，力争使全国工农业年总产值翻两番，使人民的物质文化生活达到小康水平②。到 20 世纪末要使人民生活达到小康水平，小康社会征途始发。同时，中国共产党第十二次全国代表大会正式提出"两步走"战略和小康目标。第一步，从 1980 年到 1990 年，用 10 年时间使国民生产总值按不变价翻一番，解决人民温饱问题；第二步，到 20 世纪末使国民生产总值按不变价相对于 1980 年翻两番，人民生活水平达到小康③。这是党的全国代表大会首次使用"小康"概念，并把小康社会作为主要奋斗目标和我国国民经济与社会发展的阶段性标志。同时，邓小平还使用了"小康""小康之家""小康水平""小康生活"等相关概念，这些概念从不同侧面对"小康社会"进行论证和界定④。

1987 年 4 月，邓小平把"两步走"战略构想扩展为"三步走"战略，把我国社会经济发展远景目标定在 21 世纪中叶。"我们原定的目标是：第一步在 20 世纪 80 年代翻一番。以 1980 年为基数，当时国民生产总值人均仅有 250 美元，翻一番，达到 500 美元。第二步是到 20 世纪末，再翻一番，人均达到 1000 美元。实现这个目标，意味着我们进入小康社会，把贫困的中国变成小康的中国。我们制定的目标更重要还是第三步，在 21 世纪用 30 年到 50 年再翻两番，大体上达到人均 4000 美元。做到这一步，中国就达到中等发达的水平"⑤。按照邓小平这一思想，"三步走"发展战略正式纳入了中国共产党第十三次全国代表大会报告。中国共产党第十三次全国代表大会明确社会主义初级阶段这一基础判断，为小康破题。中国共产党第十四次全国代表大会确立社会主义市场经济，打开了经济腾飞的闸门。中国共产党第十五次全国代表大会进一步扫清发展道路上的认识障碍，确立非公经

①　邓小平. 邓小平文选（第二卷）[M]. 人民出版社，1994.

②③　党的十二大提出建设中国特色社会主义：拨云见日启航程 [EB/OL]. 新华网，http://news.xinhuanet.com/politics/2014－11/03/c_ 127173136.htm.

④　杨晶石. 从总体小康到全面小康中国式现代化的必经之路 [D]. 哈尔滨理工大学硕士论文，2007.

⑤　邓小平. 邓小平文选（第三卷）[M]. 人民出版社，1993.

济地位和依法治国基本方针①。20 世纪末，我国人民生活总体上达到了小康水平。

第三节 十六大提出全面建设小康社会宏伟目标

经过全党和各族人民共同努力，20 世纪末，我国按照既定的"三步走"战略，顺利完成了第一步和第二步，人民生活总体上已经达到小康水平。但由于落后的生产力与人民群众对物质文化需求日益增长、经济发展与环境资源保护的矛盾仍然突出，城乡二元经济结构还没有彻底转变，人口继续增长、就业和社会保障压力大，市场经济体制仍不健全，我国实现的小康还是低水平的、不全面的、发展很不平衡的小康。

中国共产党第十六次全国代表大会进一步规划"全面建设小康社会"的战略任务。中国共产党第十六次全国代表大会报告指出："综观全局，21 世纪前 20 年，对我国来说，是一个必须紧紧抓住并且可以大有作为的重要战略机遇期。根据中国共产党第十五次全国代表大会提出的到 2010 年、中国共产党建党 100 年和中华人民共和国成立 100 年的发展目标，我们要在 21 世纪前 20 年，集中力量，全面建设惠及十几亿人口的更高水平的小康社会，使经济更加发展、民主更加健全、科教更加进步、文化更加繁荣、社会更加和谐、人民生活更加殷实。这是实现现代化建设第三步战略目标必经的承上启下的发展阶段，也是完善社会主义市场经济体制和扩大对外开放的关键阶段。经过这个阶段的建设，再继续奋斗几十年，到 21 世纪中叶基本实现现代化，把我国建成富强民主文明的社会主义国家"。②

中国共产党第十六次全国代表大会报告指出的是一条强国富民的经济发展路线，要求"在优化结构和提高效益的基础上，国内生产总值到 2020 年力争比 2000 年翻两番，综合国力和国际竞争力明显增强。基本实现工业化，建成完善的社会主义市场经济体制和更具活力、更加开放的经济体系。城镇人口的比重较大幅度提高，工农差别、城乡差别和地区差别扩大的趋势逐步扭转。社会保障体系比较健全，社会就业比较充分，家庭财产普遍增加，人民过上更加富足的生活"。这是一条民主文明的社会发展路线和可持续发展路线，要求

---

① 王海明. 充分认识建设学习型马克思主义政党的重要意义 [J]. 社科纵横，2013（4）.

② 全面建设小康社会，开创中国特色社会主义事业新局面，江泽民在中国共产党第十六次全国代表大会上的报告，中国网，http://www.china.com.cn/guoqing/2012-08/30/content_26379075.htm.

"社会主义民主更加完善，社会主义法制更加完备，依法治国基本方略得到全面落实""全民族的思想道德素质、科学文化素质和健康素质明显提高，形成比较完善的现代国民教育体系、科技和文化创新体系、全民健身和医疗卫生体系""可持续发展能力不断增强，生态环境得到改善，资源利用效率显著提高，促进人与自然的和谐，推动整个社会走上生产发展、生活富裕、生态良好的文明发展道路"①。

中国共产党第十六次全国代表大会把"三步走"战略的第三步分为前后两个阶段，并把21世纪前20年作为实现"第三步战略目标必经的承上启下的发展阶段"；在物质文明和精神文明基础上增加了政治文明，并把政治文明惠及人民作为一种制度安排，要求使"人民的政治、经济和文化权益得到切实尊重和保障"；把社会文明推进到形成"全民学习、终身学习的学习型社会"的高度。这些都是对社会主义现代化建设认识的深化。概括说，中国共产党第十六次全国代表大会报告提出的全面建设小康社会的近期目标是到2020年要全面建设成为"惠及十几亿人口的更高水平的小康社会"，远期目标是在21世纪中叶"基本实现现代化"，成为"富强民主文明的社会主义国家"。

第四节 十七大对实现全面建设小康社会做出全面部署

根据经济社会发展趋势和国内外形势的新变化，中国共产党第十七次全国代表大会对实现全面建设小康社会宏伟目标做出全面部署，对经济建设、政治建设、文化建设、社会建设的基本目标提出了新的更高要求。

对于经济发展，一是要求突出发展协调性；二是将中国共产党第十六次全国代表大会提出的经济总量翻两番目标提升到人均量翻两番；三是把提高居民消费突出放在形成三大需求协调拉动经济增长的关键位置上；四是把社会主义新农村建设和推进城镇化作为改变城乡二元经济结构的重要途径。胡锦涛在报告中这样说："增强发展协调性，努力实现经济又好又快发展。转变发展方式取得重大进展，在优化结构、提高效益、降低消耗、保护环境的基础上，实现人均国内生产总值到2020年比2000年翻两番。社会主义市场经济体制更加完善。自主创新能力显著提高，科技进步对经济增长的贡献率大幅上升，进入创新型国家行列。居

---

① 全面建设小康社会，开创中国特色社会主义事业新局面，江泽民在中国共产党第十六次全国代表大会上的报告，中国网，http://www.china.com.cn/guoqing/2012-08/30/content_26379075.htm.

民消费率稳步提高，形成消费、投资、出口协调拉动的增长格局。城乡、区域协调互动发展机制和主体功能区布局基本形成。社会主义新农村建设取得重大进展。城镇人口比重明显增加。"①

对于政治建设，中国共产党第十七次全国代表大会更强调从人民群众实际获得的政治民主权利方面考察社会主义民主的发展，要求"更好保障人民权益和社会公平正义""公民政治参与有序扩大""基层民主制度更加完善"。为此，需要使"政府提供基本公共服务能力显著增强""完善制约和监督机制，保证人民赋予的权利始终用来为人民谋福利"②。

对于文化建设，中国共产党第十七次全国代表大会要求，一是要把文化建设放在增强"全民族文明素质"的高度；二是要求通过文化建设使"社会主义核心价值体系深入人心"；三是要求基本建立"覆盖全社会的公共文化服务体系"，提高了文化类公共产品的地位；四是要把增加文化产业比重放在提高"国际竞争力"的明显位置上，从而使文化产业发展进入了增强综合国力的行业。

对于社会发展，中国共产党第十七次全国代表大会把"全面改善民生"放在社会主义社会发展的突出位置，要求"现代国民教育体系更加完善，终身教育体系基本形成，全民受教育程度和创新人才培养水平明显提高"。社会发展不是单一的社会内容，其发展必然与经济发展相关联，为了提高社会发展水平，必然要求形成"覆盖城乡居民的社会保障体系""社会就业更加充分"，保证"人人享有基本生活保障""人人享有基本医疗卫生服务"。为此，要求使"合理有序的收入分配格局基本形成，中等收入者占多数，绝对贫困现象基本消除"。中国共产党第十七次全国代表大会把社会发展与社会保障体制和收入分配制度改革和完善结合起来，极大丰富了社会发展的内涵。

中国共产党第十七次全国代表大会还提出了"生态文明"。虽然十六大报告在关于可持续发展方面已经涉及生态保护内容，但"生态文明"作为一个正式提法，最先出自于中国共产党第十七次全国代表大会报告。中国共产党第十七次全国代表大会报告指出："建设生态文明，基本形成节约能源资源和保护生态环境的产业结构、增长方式、消费模式。循环经济形成较大规模，可再生能源比重显著上升。主要污染物排放得到有效控制，生态环境质量明显改善。生态文明观念在全社会牢固树立。"③把节约能源资源和环境保护与产业结构和需求结构调整，以及与转变增长方式结合起来，放在整个生态文明建设的框架范围内，是对全面建设小康社会战略认识的又一次深化。

---

①②③　高举中国特色社会主义伟大旗帜　为夺取全面建设小康社会新胜利而奋斗——在中国共产党第十七次全国代表大会上的报告［EB/OL］，人民网，http://cpc.people.com.cn/GB/104019/104099/6429414.html.

第五节　十八大对实现全面建成小康社会做出新部署

中国共产党第十八次全国代表大会综观国际国内大势，认为我国发展仍处于可以大有作为的重要战略机遇期。根据我国经济社会发展实际，在中国共产党第十六次全国代表大会、中国共产党第十七次全国代表大会确立的全面建设小康社会目标的基础上，中国共产党第十八次全国代表大会做出了全面建成小康社会的新部署，确保到 2020 年实现全面建成小康社会宏伟目标。中国共产党第十八次全国代表大会根据我国经济社会发展的实际进程，从中国特色社会主义总体布局出发，将大会的主题定为"为全面建成小康社会而奋斗"，提出了到 2020 年全面建成小康社会的新要求和新愿景："努力实现经济持续健康发展，人民民主不断扩大，文化软实力显著增强，人民生活水平全面提高，资源节约型、环境友好型社会建设取得重大进展"①。

对于经济建设，中国共产党第十八次全国代表大会提出经济要持续健康发展。转变经济发展方式取得重大进展，在发展平衡性、协调性、可持续性明显增强的基础上，实现国内生产总值和城乡居民人均收入比 2010 年翻一番。科技进步对经济增长的贡献率大幅上升，进入创新型国家行列。工业化基本实现，信息化水平大幅提升，城镇化质量明显提高，农业现代化和社会主义新农村建设成效显著，区域协调发展机制基本形成。对外开放水平进一步提高，国际竞争力明显增强。

对于人民民主建设，中国共产党第十八次全国代表大会提出民主制度要更加完善，民主形式更加丰富，人民积极性、主动性、创造性进一步发挥。依法治国基本方略全面落实，法治政府基本建成，司法公信力不断提高，人权得到切实尊重和保障。

对于文化软实力建设，中国共产党第十八次全国代表大会提出社会主义核心价值体系要深入人心，公民文明素质和社会文明程度明显提高。文化产品更加丰富，公共文化服务体系基本建成，文化产业成为国民经济支柱性产业，中华文化走出去迈出更大步伐，社会主义文化强国建设基础更加坚实。

---

① 坚定不移沿着中国特色社会主义道路前进　为全面建成小康社会而奋斗——在中国共产党第十八次全国代表大会上的报告［EB/OL］．人民网，http：//cpc. people. com. cn/n/2012/1118/c64094 - 19612151. html.

对于人民生活水平，中国共产党第十八次全国代表大会提出基本公共服务均等化要总体实现。全民受教育程度和创新人才培养水平明显提高，进入人才强国和人力资源强国行列，教育现代化基本实现。就业更加充分。收入分配差距缩小，中等收入群体持续扩大，扶贫对象大幅减少。社会保障全民覆盖，人人享有基本医疗卫生服务，住房保障体系基本形成，社会和谐稳定。

对于资源节约型、环境友好型社会建设，中国共产党第十八次全国代表大会提出主体功能区布局要基本形成，资源循环利用体系初步建立。单位国内生产总值能源消耗和二氧化碳排放大幅下降，主要污染物排放总量显著减少。森林覆盖率提高，生态系统稳定性增强，人居环境明显改善[①]。

从中国共产党第十六次全国代表大会提出"全面建设小康社会"到中国共产党第十八次全国代表大会提出"全面建成小康社会"，一字之变，体现了我们党对发展中国特色社会主义的坚强决心和信心，充分说明了实现全面小康社会的可期性，标志着全面小康社会建设进入最后的冲刺阶段，也标志着全面建成小康社会成为现阶段实现国家富强、民族振兴、人民幸福的新目标。"十三五"时期是我国全面建成小康社会、全面深化改革、全面推进依法治国、全面从严治党"四个全面"战略布局的重要时期，是广西实现与全国同步全面建成小康社会的冲刺时期，也是决战时期。

第六节　全面建成小康社会的内涵分析

中国共产党第十八次全国代表大会赋予了全面小康更丰富的内涵，更加注重全面协调和可持续发展，充分体现科学发展观思想。"全面建成"是"全面建设"在国内外形势下的发展，不应机械地割裂全面建成小康社会与以往建设小康和全面建设小康社会的关系。

从时间看，全面建成小康社会是一个长期性、连续性的总体目标。在中国共产党第十六次全国代表大会、中国共产党第十七次全国代表大会确立的全面建设小康社会奋斗目标基础上，根据新的情况新的条件变化对一些具体指标进行调整和深化，而不是另起炉灶提出一套新的目标。起点是从实现了"三步走"战略目标的第二步目标开始，即从中国共产党第十六次全国代表大会召开，提出的奋斗目标开始。终点是2020年中国共产党成立100周年，实现五个新要求为止。

① 杨宜勇.对全面建成小康社会目标的战略分析［Z］.人民论坛·学术前沿，2015－08－12.

经过这一时期的努力，中国将结束以全面小康为导向的发展时期，进入现代化发展新阶段。

从内容看，全面建成小康社会是"五位一体"的小康社会。"总体小康"的建设重点偏重于物质文明，中国共产党第十八次全国代表大会以前的"全面小康"包括"经济、政治、文化和社会"等方面的目标，中国共产党第十八次全国代表大会进一步丰富了全面小康的内涵，加入"生态文明"的内容。这个目标的实现，将使我国经济更加发展、民主更加健全、科教更加进步、文化更加繁荣、社会更加和谐、人民生活更加殷实、环境生态更加友好①。

从质量看，全面建成小康社会是从一个低水平、不全面、不平衡向平衡性、协调性、可持续性发展的社会。"在发展平衡性、协调性、可持续性明显增强的基础上，实现国内生产总值和城乡居民人均收入比 2010 年翻一番"②。即到 2020年，全国人均 GDP 超过 9000 美元，城乡居民人均收入超过 4000 美元，达到中等偏上国家的平均水平。

从范围看，全面建成小康社会在于全民的共建共享，强化了"全面性"的特征。"全面"是覆盖人群之全面，领域之全面。全面小康社会的建设过程，是"五位一体"多方位协调发展的过程，是社会、经济得到全面进步的过程，是谋求人民群众全面得到实惠的过程，逐步实现人的全面发展过程。

---

① 程晞. 总体小康与全面小康 [J]. 中国统计，2003（2）.

② 本刊首席时政观察员. 八年攻坚，向全面建成小康社会冲刺 [J]. 领导决策信息，2012（11）.

第二章　全面小康社会评价指标
体系梳理

自邓小平同志提出"小康社会"以来,尤其是党中央把建设小康社会作为战略目标之后,国内对小康的理论研究十分热烈,从各种论文书籍、学者名人谈话,到政策研究报告、统计评价监测,已发表了大量的文献。在众多的研究成果中,本书重点选择梳理国家统计局系统、国家发改委系统、国务院发展研究中心和中国社会科学院等国家层面和江苏、浙江、贵州等有代表性的省级层面的成果进行归纳分析。

第一节　国家统计局系统的小康社会评价指标体系

一、全国人民小康生活水平的基本标准

1995 年,国家统计局、国家计委和农业部制定出了 3 套小康标准,用以评价和监测实现小康的进程[①],分别为《全国人民小康生活水平的基本标准》《全国农村小康生活水平的基本标准》和《全国城镇小康生活水平的基本标准》。总体小康评价指标体系涵盖经济发展水平、物质生活条件、人口素质、精神生活和生活环境五大方面,共计 13 个指标(见表 2 - 1)。

表 2 - 1　全国人民小康生活水平的基本标准

分类指标	具体指标
经济发展水平	①人均国内生产总值

---

① 楚国良. 湘潭全面建成小康社会进程评价研究[EB/OL]. 互联网文档资源(http://www.360doc.co),
2015 - 07 - 20.

续表

分类指标	具体指标
物质生活条件	②人均收入水平
	城镇人均可支配收入
	农民人均纯入
	③人均居住水平
	城镇人均使用面积
	农村人均钢砖木结构住房面积
	④人均蛋白质摄入量
	⑤城乡交通状况
	城市每万人拥有铺路面积
	农村通公路行政村比重
	⑥恩格尔系数
人口素质	⑦成人识字率
	⑧人均预期寿命
	⑨婴儿死亡率
精神生活	⑩教育娱乐支出比重
	⑪电视机普及率
生活环境	⑫森林覆盖率
	⑬农村初级卫生保健基本合格以上县百分比

二、全面建设小康社会进程统计指标体系

党的十七大提出全面建设小康社会的增强发展协调性、扩大社会主义民主、加强文化建设、加快发展社会事业、建设生态文明的高要求，为此，国家统计局对原来的总体小康评价指标体系作了修改和调整，建立了能够科学反映和监测我国全面建设小康社会进程的统计指标体系，于 2008 年 6 月印发了《全面建设小康社会统计监测方案》（国统字〔2008〕77 号），主要包括经济发展、社会和谐、生活质量、民主法制、文化教育、资源环境六个方面，23 项具体指标（见表 2-2）。从 2008 年起分别对全国及各地 2000 年以来全面建设小康社会进程进行监测分析，并连续编印全国和各地的监测报告。

表 2-2　全面建设小康社会统计监测指标体系

分类指标	具体指标
经济发展	①人均 GDP
	②R&D 经费支出占 GDP 比重
	③第三产业增加值占 GDP 比重
	④城镇人口比重
	⑤失业率（城镇）

续表

分类指标	具体指标
社会和谐	⑥基尼系数 ⑦城乡居民收入比 ⑧地区经济发展差异系数 ⑨基本社会保险覆盖率 ⑩高中阶段毕业生性别差异系数
生活质量	⑪居民人均可支配收入 ⑫恩格尔系数 ⑬人均住房使用面积 ⑭5 岁以下儿童死亡率 ⑮平均预期寿命
民主法制	⑯公民自身民主权利满意度 ⑰社会安全指数
文化教育	⑱文化产业增加值占 GDP 比重 ⑲居民文教娱乐服务支出占家庭消费支出比重 ⑳平均受教育年限
资源环境	㉑单位 GDP 能耗 ㉒常用耕地面积指数 ㉓环境质量指数

三、全面建成小康社会监测指标体系

2012 年，中国共产党第十八次全国代表大会召开后，国家统计局按照全面建成小康社会关于经济更加发展，民主更加健全，科技更加进步，文化更加繁荣，社会更加和谐，人民生活更加殷实的新要求①，按照设立统计指标体系既要全面、完整，也要简洁、适度；既要考虑理论上的科学性，也要考虑实际工作中的可操作性；既要着眼全国层面，也要兼顾各地的区别和差异的要求，对全面建成小康社会指标体系进行了修改和完善，于 2013 年形成了《全面建成小康社会

---

① 国家发改委宏观经济研究院课题组. 全面建设小康社会的目标和任务（总报告）［J］. 经济研究参考，2014（2）.

统计监测指标体系》，由经济发展、民主法制、文化建设、人民生活和资源环境五个方面组成，如表 2 – 3 所示。

表 2 – 3　全面建成小康社会统计监测指标体系

分类指标	具体指标
经济发展	①人均 GDP（2010 年不变价） ②第三产业增加值占 GDP 比重 ③居民消费支出占 GDP 比重 ④R&D 经费支出占 GDP 比重 ⑤每万人口发明专利拥有量 ⑥工业生产率 ⑦互联网普及率 ⑧城镇人口比重 ⑨农业劳动生产率
民主法制	⑩基层民主参选率 ⑪每万名公务人员检察机关立案人数 ⑫社会安全指数 ⑬每万人口拥有律师数
文化建设	⑭文化及相关产业增加值占 GDP 比重 ⑮人均公共文化财政支出 ⑯有线广播电视入户率 ⑰每万人口拥有"三馆一站"公用房屋建筑面积 ⑱城乡居民文化娱乐服务支出占家庭消费支出比重
人民生活	⑲城乡居民人均收入（2010 年不变价） ⑳地区人均基本公共服务支出差异系数 ㉑恩格尔系数 ㉒基尼系数 ㉓城乡居民收入比 ㉔城乡居民家庭人均住房面积达标率 ㉕公共交通服务指数 ㉖平均预期寿命 ㉗平均受教育年限 ㉘每千人口拥有执业医师数 ㉙基本社会保险覆盖率 ㉚农村自来水普及率 ㉛农村卫生厕所普及率 ㉜单位 GDP 能耗（2010 年不变价）

续表

分类指标	具体指标
资源环境	㉝单位 GDP 水耗（2010 年不变价） ㉞单位 GDP 建设用地占用面积（2010 年不变价） ㉟单位 GDP 二氧化碳排放量（2010 年不变价） ㊱环境质量指数 ㊲主要污染物排放强度指数 ㊳城市生活垃圾无害化处理率 ㊴人均 GDP（2010 年不变价）

《全面建成小康社会统计监测指标体系》与原指标体系相比变动很大，从六大类 23 项指标调整为五大类 39 项指标，大类减少，但项目增加很多，主要指标（如人均 GDP、城乡居民人均收入等）的目标值也有所提升。此外，新指标体系不再以 2000 年为基期，而是以 2010 年为基期，部分指标采用 2010 年不变价。

第二节　国家发改委系统的小康社会评价指标体系

一、曹玉书的全面建设小康社会评价指标体系

2002 年 12 月，"十六大"召开之后不久，时任国家计划委员会政策法规司司长曹玉书在报刊上公开畅谈了自己对全面建设小康社会的认识，并提出了自己的标准和体系[①]。从定量的角度看，实现全面建设小康社会的目标应该有一个指标体系。鉴于政治文化上的一些因素很难量化，参照国际上常用的衡量现代化的指标体系，结合国情，他提出了包含 10 个指标的全面建设小康社会指标体系（见表 2-4）[②]。由于他提出的这一标准和体系时间相当及时，再加上他特殊的身份，因此他的观点在社会上产生了较大影响，许多地方在研究制定全面建设小康社会的标准和指标时，都重点参考他的观点。

---

①② 国家发展改革委宏观经济研究院课题组. 全面建设小康社会指标体系的主要观点 [J]. 红旗文稿，2006（3）.

表2-4　曹玉书的全面建设小康社会指标体系

指标名称
人均国内生产总值
城市居民人均可支配收入
农村居民家庭人均纯收入
恩格尔系数
城市人均住房建筑面积
城市化率
居民家庭计算机普及率
大学入学率
城市居民最低生活保障覆盖面
刑事犯罪率

曹玉书的指标体系明显地借鉴了国际上的现代化指标体系和1995年提出的人民生活小康水平的指标体系，指标个数也由16个缩减为10个，比较容易理解和操作，且根据时代发展对指标进行了适当增减，如增加"居民家庭计算机普及率"这一反映信息社会的指标①。但是，与中国共产党第十六次全国代表大会报告提出的全面建设小康社会的目标相比，即使考虑到政治文化因素，这一指标体系也明显地不够全面，如没有社会保障和生态环境等方面的指标。

二、国家发改委宏观经济研究院的小康社会评价指标体系

国家发展和改革委员会宏观经济研究院课题组认为，全面建设小康社会作为我国现代化建设的一个重要历史阶段，具有强烈的时代特征。

一是作为一个经济持续快速增长的发展中人口大国，全面建设小康社会的起点具有明显的不平衡性②。

二是工业化与城镇化不协调，城镇化发展严重滞后于工业化。

三是在工业化进程尚未结束之际，启动和叠加了信息化进程。

四是资源环境压力巨大，可持续发展能力亟待加强。

---

① 国家发展改革委宏观经济研究院课题组．全面建设小康社会指标体系的主要观点［J］．红旗文稿，2006（3）．

② 国家发改委宏观经济研究院课题组．全面建设小康社会的目标与指标选择［J］．经济学动态，2004（7）．

五是市场化改革任务尚未完成，资源配置方式仍需继续优化。

这些时代特征，将对我国全面建设小康社会进程及其指标选择产生重大而深刻的影响①，鉴于此，课题组提出了小康社会指标体系，如表 2-5 所示。

表 2-5　国家发改委宏观经济研究院的小康社会指标体系

指标名称
人均 GDP
农业增加值比重
服务业增加值比重
非农业就业比重
人口城市化率
成人识字率
大学普及率
每千人拥有医生数
平均预期寿命
人口自然增长率
社会就业面增长数
基尼系数
社会保险覆盖率
国家信息化指数
国家资源环境安全系数

三、国家发改委国家信息中心的小康社会评价指标体系

国家发展和改革委员会国家信息中心经济预测部从经济发展、人民生活、文化、民主法制和生态文明五个维度对全面性进行了科学的诠释，确定了 5 项二级评价指标和 42 项三级评价指标，如表 2-6 所示。

---

① 国家发改委宏观经济研究院课题组. 全面建设小康社会的目标和任务（总报告）［J］. 经济研究参考，2014（2）.

表 2-6 国家发改委国家信息中心的小康社会指标体系

分类指标	具体指标
经济发展	①人均 GDP（2010 年价） ②最终消费率 ③R&D 经费占 GDP 比重 ④每万人口发明专利拥有或授权量 ⑤第三产业比重 ⑥互联网上网普及率 ⑦人口城镇化率 ⑧地区经济差异系数 ⑨居民收入占国民收入比重
人民生活	⑩城镇居民人均可支配收入 ⑪农村居民人均纯收入 ⑫城镇最低收入户居民收入 ⑬农村最低收入户居民收入 ⑭基尼系数 ⑮农村贫困发生率 ⑯居民文教娱乐支出比重 ⑰人口平均预期寿命 ⑱5 岁以下儿童死亡率 ⑲孕产妇死亡率 ⑳城市生活垃圾无害化处理率 ㉑农村卫生厕所普及率 ㉒基本社会保险覆盖率 ㉓城镇人均住房建筑面积 ㉔农村人均住房建筑面积 ㉕食品抽样合格率 ㉖饮用自来水人口占农村人口比重 ㉗高中入学率 ㉘城市人均道路面积 ㉙城市每万人口公交车辆 ㉚城镇登记失业率
文化	㉛文化产业增加值占 GDP 比重 ㉜文化及相关产业就业人员占比
民主法制	㉝公民自身民主权利满意度 ㉞社会安全指数

续表

分类指标	具体指标
生态文明	㉟单位 GDP 能耗 ㊱单位 GDP 碳排放 ㊲森林覆盖率 ㊳二氧化硫排放总量 ㊴氮氧化合物排放 ㊵化学需氧量排放 ㊶氨氮排放量 ㊷工业固体废物综合利用率

第三节 国务院发展研究中心的小康 社会评价指标体系

国务院发展研究中心发展战略和区域经济研究部课题组认为，小康社会指标体系由经济、社会发展、环境、制度发展 4 个子系统 16 个分指标组成（见表 2 - 7）。总体来看，国务院发展研究中心提出的评价体系的理性程度较高，所提出的一些指标有独到之处，一些指标安排很有新意。例如安排"非农产业就业比重"这一指标，表明研究人员突破了对工业化和城镇化的狭隘理解。

表 2 - 7 国务院发展研究中心的小康社会指标体系

分类指标	具体指标
经济子系统	①人均 GDP ②非农产业就业比重 ③恩格尔系数 ④城乡居民收入比
社会发展子系统	⑤基尼系数 ⑥社会基本保险覆盖率 ⑦平均受教育年限 ⑧出生时预期寿命 ⑨文教体卫增加值比重 ⑩犯罪率 ⑪日均消费性支出小于 5 元的人口比重

续表

分类指标	具体指标
环境子系统	⑫能源利用效率 ⑬安全卫生水普及率 ⑭环境污染综合指数
制度发展子系统	⑮廉政建设 ⑯政府管理能力

第四节　中国社会科学院的小康社会评价指标体系

中国社会科学院"全面建设小康社会指标体系研究"课题组全面系统地对小康概念的界定、小康社会的含义、小康社会的目标和指标体系、小康社会的国际比较、实现小康社会面临的问题以及实现小康社会的路径和政策选择等进行了深入的研究①。根据近10年的发展速度，参考了中等收入国家的发展水平和英格尔斯的现代化指标体系②，并结合中国国情，对我国建设全面小康社会有了一个比较翔实的定量分析。课题组选取了GDP总量增长速度、人口总数和净增率等16个指标来衡量2020年全面小康社会的实现程度，如表2-8所示。

表2-8　中国社会科学院的全面建设小康社会的主要指标体系

指标名称
GDP总量增长速度
人口总数和净增率
人均GDP
城市化水平
第三产业从业人员比例

① 国家发展改革委宏观经济研究院课题组．全面建设小康社会指标体系的主要观点［J］．红旗文稿，2006（3）．

② "英格尔斯现代化指标体系"是一个在我国流传甚广的现代化评估指标体系，是英格尔斯1983年在北京大学社会学系所做的一次演讲。这个判定指标体系由人均国民生产总值达到3000美元以上、农业产值占国民生产总值比例低于15%、服务业产值占国民生产总值比例在45%以上、非农业劳动力占总劳动力比例在70%以上（或农业劳动力占总劳动力比例低于30%）、成人识字率在80%以上、在校大学生占20~24岁人口比例在10%~15%以上、每名医生服务的人数在1000人以下、婴儿死亡率在3%以下、人口自然增长率在1%以下、平均预期寿命在70岁以上、城市人口占总人口比例在50%以上11项判定指标组成。

续表

指标名称
公共教育经费占 GDP 的比重
在校大学生占适龄人口的比重
每千人口医生数
平均预期寿命
城镇居民人均可支配收入
农民人均纯收入
居住条件
人均生活用电量
恩格尔系数
城乡收入差距
基尼系数

在此基础上，中国社会科学院"全面建设小康社会指标体系研究"课题组还从 3 个层面上制定了全面小康的指标体系。一是由社会结构指数、经济与科教发展指数、人口素质、生活质量和环保、法制及治安五个方面 28 个指标构成了一套指标体系，对各省市区全面小康目标实现程度进行综合评价分析；二是由经济发展、社会发展、生活质量、基础设施和环保四个方面 25 个指标建立城市全面小康和现代化指标体系；三是由社会结构和生产条件、经济效益、人口素质、生活质量四个方面 27 个指标构建了农村全面建设小康社会的指标体系[1]。因该课题组主要是由社会学专家所组成，指标设计明显偏重于社会发展方面。另外，用一套全新的指标体系对各省、市、自治区进行实现程度测算，可能难以反映目前社会结构大转变时期人口流动对各地人均指标值的影响[2]。

第五节　部分省市的小康社会评价指标体系

一、江苏省小康社会评价指标体系

2013 年，江苏省根据党的十八大对实现全面建成小康社会目标和习近平总

---

① 朱军浩. 全面建设小康社会的指标体系及政策保障 [D]. 复旦大学博士学位论文，2004.
② 国家发展改革委宏观经济研究院课题组. 全面建设小康社会指标体系的主要观点 [J]. 红旗文稿，2006（3）.

书记在 2013 年全国"两会"期间对江苏工作提出的新要求，对全面建成小康社会相关指标体系进行进一步丰富完善提升，制定了《江苏全面建成小康社会指标体系（2013 年修订，试行）》（见表 2-9）。修订后的指标体系从原来的四大类18 项 25 个指标扩展到五大类 22 项 36 个指标，新增了民主法治类指标，替换、提升了部分具体指标。此次修订无论是新增、替换部分指标，还是提高部分指标目标值，大多数是民生指标或与民生相关，都体现科学发展、以人为本和转型升级、注重质量的要求，兼顾平均数和大多数，体现了对民生幸福的高度重视。此外，专设一项评判指标，以反映人民群众对基本现代化建设成果的满意度。

表 2-9　江苏全面建成小康社会指标体系（2013 年修订，试行）

分类指标	具体指标
经济发展	①人均地区生产总值 ②第二、第三产业增加值占 GDP 比重 ③城镇化率 ④信息化发展水平 ⑤现代农业发展水平 ⑥研发经费支出占 GDP 比重
人民生活	⑦居民收入水平（城镇居民人均可支配收入、农村居民人均纯收入、城乡居民收入达标人口比例） ⑧居民住房水平（城镇家庭住房成套比例、农村家庭住房成套比例） ⑨公共交通服务水平（城市万人公交车拥有量、行政村客运班线通达率） ⑩城镇登记失业率 ⑪恩格尔系数
社会发展	⑫现代教育发展水平 ⑬基本社会保障（城乡基本养老保险覆盖率、城乡基本医疗保险覆盖率、失业保险覆盖率、城镇住房保障体系健全率、每千名老人拥有养老床位数） ⑭文化产业增加值占 GDP 比重 ⑮人均拥有公共文化体育设施面积 ⑯每千人拥有医生数
民主法治	⑰党风廉政建设满意度 ⑱法治和平安（建设水平法治建设满意度、公众安全感） ⑲城乡居民依法自治（城镇居委会依法自治达标率、农村村委会依法自治达标率）

分类指标	具体指标
生态环境	⑳单位 GDP 能耗 ㉑环境质量（空气质量达到二级标准的天数比例、地表水好于Ⅲ类水质的比例、城镇污水达标处理率、村庄环境整治达标率） ㉒绿化水平、林木覆盖率（城镇绿化覆盖率）
评判指标	人民群众对全面建成小康社会成果满意度

二、浙江省小康社会评价指标体系

浙江全面实施"八八战略"和"创业富民、创新强省"总战略，以"全面小康六大行动计划"为抓手，扎实推进经济建设、政治建设、文化建设、社会建设以及生态文明建设①，全省经济社会持续较快发展，人民生活不断改善，社会事业全面发展，基本实现了全面建设惠及全省人民小康社会的目标。自 2003 年起，浙江开始研究制定浙江省全面小康监测指标体系，该指标体系由经济发展、社会事业、人民生活、社会和谐和生态环境五大方面 24 个指标构成，如表 2 – 10 所示。

表 2 – 10　浙江全面小康社会评价指标体系

分类指标	具体指标
经济发展	①人均生产总值 ②第三产业增加值占 GDP 比重 ③第二、第三产业从业人员比重 ④城镇人口占总人口比例
社会事业	⑤高等教育毛入学率 ⑥平均受教育年限 ⑦每千人医生数 ⑧R&D 经费占 GDP 比重 ⑨文化产业增加值占 GDP 比重
人民生活	⑩城镇居民人均可支配收入 ⑪农村居民人均纯收入 ⑫社会保险覆盖率 ⑬新型农村合作医疗覆盖率 ⑭城镇登记失业率

①　赵洪祝. 在中国共产党浙江省第十三次代表大会上的报告［J］. 政策瞭望，2012 – 06 – 20.

续表

分类指标	具体指标
社会和谐	⑮城乡居民收入差距倍数 ⑯地区人均 GDP 差距倍数 ⑰居民收入基尼系数 ⑱每万人拥有律师数 ⑲社区（村）依法自治达标率
生态环境	⑳主要水系监测断面水质Ⅲ类以上比例 ㉑城市空气质量综合污染指数 ㉒城乡生活垃圾处理率 ㉓万元 GDP 综合能耗 ㉔城市人均公共绿地面积

三、湖南省小康社会评价指标体系

2013 年，湖南确立了分类指导、协调推进，确保在中部地区率先建成全面小康指导精神，出台了《湖南省分类指导加快推进全面建成小康社会考评办法》（湘康〔2013〕4 号），制订了《湖南省县市区全面建成小康社会考评指标体系》。监测指标体系由六大类 23 个指标组成（见表 2–11）。监测范围为全省全部 122 个县（市、区），根据经济发展类型、全面小康实现程度以及对接四大区域板块①和主体功能区，将 122 个县（市、区）分为三大类，并分别给予指标较高、适中和较低的考核目标值。

表 2–11　湖南省市区全面建成小康社会考评指标体系

分类指标	具体指标
经济发展	①人均 GDP（2000 年不变价） ②R&D 经费支出占 GDP 比重 ③第三产业增加值占 GDP 比重 ④城镇人口比重 ⑤失业率（城镇）

---

① 湖南省四大区域板块构成：长株潭城市群全国两型社会建设综合配套改革试验区、大湘南国家级承接产业转移示范区、大湘西武陵山片区国家扶贫攻坚示范区、洞庭湖生态经济区。

续表

分类指标	具体指标
社会和谐	⑥基尼系数 ⑦城乡居民收入比 ⑧地区经济发展差异系数 ⑨基本社会保险覆盖率 ⑩高中阶段毕业生性别差异系数
生活质量	⑪居民人均可支配收入 ⑫恩格尔系数 ⑬人均住房使用面积 ⑭5 岁以下儿童死亡率 ⑮平均预期寿命
民主法制	⑯公民自身民主权利满意度 ⑰社会安全指数
文化教育	⑱文化产业增加值占 GDP 比重 ⑲居民文教娱乐服务支出占家庭消费支出比重 ⑳平均受教育年限
资源环境	㉑单位 GDP 能耗 ㉒耕地面积指数 ㉓环境质量指数

四、贵州省小康社会评价指标体系

贵州以"实现'531'[①]、县县达小康"为目标，全面提高县域经济社会发展整体性、协调性、可持续性，增强县域经济实力和发展活力，增加城乡居民收入，提升民生保障水平，提高生态环境质量[②]，加快民主法制、精神文明与和谐社会建设，走追赶型、调整型、跨越式可持续发展路子，力争县县建成一个不含水分、实实在在、群众得实惠、老百姓认可的全面小康社会[③]。贵州以县为单位全面建设小康社会统计监测指标体系包括经济发展、社会和谐、生活质量、民主法制、文化教育、资源环境六个方面，25 项指标，如表 2 - 12 所示。

---

① "531"即到 2020 年，人均 GDP 要达到 5000 美元，城镇居民人均可支配收入达到 3000 美元，农村人均纯收入要达到 1000 美元。

② 梁隽. 贵州同步小康创建注重发展与环境相协调［N］. 贵州日报，2013 - 08 - 08.

③ 仁怀市率先全面小康创建工作手册［EB/OL］. http：//max. book118. com/html/2015/0407/14498006. shtm.

表 2 - 12　贵州以县为单位全面建设小康社会指标体系

分类指标	具体指标
经济发展	①人均 GDP ②科技进步贡献率（综合科技进步水平指数） ③工业和服务业增加值占 GDP 比重 ④农业发展指数 ⑤城镇化率 ⑥就业水平指数 ⑦县域经济发展活力指数
社会和谐	⑧城乡居民收入比 ⑨贫困乡镇发生率 ⑩基本社会保险覆盖率 ⑪民族团结和睦指数
生活质量	⑫城镇居民人均可支配收入 ⑬农村居民人均可支配收入 ⑭恩格尔系数 ⑮住房指数 ⑯居民出行便捷指数 ⑰医疗卫生发展指数
民主法制	⑱城乡社区基层民主自治建设完善率 ⑲社会安全指数 ⑳县级政府行政服务群众满意度
文化教育	㉑文化发展指数 ㉒高中及以下阶段教育指数 ㉓每万人人才资源数
资源环境	㉔耕地保有量指数 ㉕环境质量指数

第六节　国家部委和各省市小康社会评价指标体系对广西的借鉴

　　总体看，国家部委和省市层面小康社会指标体系中的分类指标名称虽然不尽相同，但体系包含的内容基本由经济、政治、文化、社会、生态文明等"五位一体"的分类方式组成，呈现出"四个更加"的特点，如表 2 - 13 所示。

表2-13 小康社会指标体系之具体指标汇总表

具体指标 \ 借鉴单位	国家统计局	国家信息中心	中国社会科学院	江苏	浙江	湖南	贵州
①人均GDP（2010年不变价）	√	√	√	√	√	√	√
②第三产业增加值占GDP比重	√	√		√	√	√	
③居民消费支出占GDP比重	√	√（消费率）			√		
④R&D经费支出占GDP比重	√	√		√	√	√	
⑤每万人口发明专利拥有量	√	√			√		
⑥工业劳动生产率	√				√		
⑦互联网普及率	√	√		√（信息化发展水平）	√		
⑧城镇人口比重	√	√	√	√	√	√	√
⑨农业劳动生产率	√				√		
⑩基层民主参选率	√			√	√	√	√
⑪万名公务人员检察机关立案人数	√	√					
⑫社会安全指数	√			√	√	√	√
⑬每万人口拥有律师数	√				√	√	
⑭文化及相关产业增加值占GDP比重	√	√（分为增加值占比和就业占比）		√	√	√	
⑮人均公共文化财政支出	√				√		
⑯有线广播电视入户率	√				√		
⑰每万人口拥有"三馆一站"公用房屋建筑面积	√				√		

续表

借鉴单位 具体指标	国家统计局	国家信息中心	中国社会科学院	江苏	浙江	湖南	贵州
⑱城乡居民文化娱乐服务支出占家庭消费支出比重	√	√			√	√	
⑲城乡居民人均收入	√	√（拆分为城乡最低收入）	√（拆分为城乡）	√（拆分为城乡）	√	√	√（拆分为城乡）
⑳地区人均基本公共服务支出差异系数	√	√				√	
㉑失业率	√	√	√	√	√	√	√
㉒恩格尔系数	√	√	√	√	√	√	√
㉓基尼系数	√	√	√			√	√
㉔城乡居民收入比	√		√	√	√	√	√
㉕城乡居民住房达标率	√	√（拆分为城乡）	√	√	√	√	√
㉖公共交通服务指数	√		√	√	√	√	√
㉗平均预期寿命	√	√			√	√	
㉘平均受教育年限	√			√	√	√	
㉙每千人拥有执业（助理）医师数	√		√		√		√（医疗卫生发展指数）

广西与全国同步建成小康社会评价指标研究

续表

具体指标 ＼ 借鉴单位	国家统计局	国家信息中心	中国社会科学院	江苏	浙江	湖南	贵州
⑳基本社会保险覆盖率	√	√		√	√	√	√
㉛农村自来水普及率	√	√			√		
㉜农村卫生厕所普及率	√	√			√		
㉝单位 GDP 能耗（2010 年不变价）	√	√		√	√	√	
㉞单位 GDP 水耗（2010 年不变价）	√				√		
㉟单位 GDP 建设用地占用面积（2010 年不变价）	√	√			√		
㊱单位 GDP 二氧化碳排放量（2010 年不变价）	√						
㊲环境质量指数	√	√（细分为 SO₂、氮氧化合物、氨氮排放量）		√	√	√	√
㊳主要污染物排放强度指数	√				√		
㊴城市生活垃圾无害化处理率	√	√			√		
㊵GDP 增速			√				
㊶人口总数和净增长			√				
㊷居民收入占国民收入比重		√					

续表

具体指标 \ 借鉴单位	国家统计局	国家信息中心	中国社会科学院	江苏	浙江	湖南	贵州
43第二、第三产业增加值占GDP比重				√			√
44人均生活用电量			√				√
45科技进步贡献率							√
46就业水平指数							√
47现代农业发展水平				√			√
48现代教育发展水平			√	√			√
49高中入学率		√					
50高中阶段毕业生性别差异系数						√	
51文化发展指数		√		√			√
52农村贫困发生率		√					√
535岁以下儿童死亡率		√				√	
54孕产妇死亡率		√					
55食品抽样合格率		√					
56森林覆盖率		√		√			
57耕地面积指数							√
58民族团结和睦指数						√	√
59党风廉政建设满意度				√			
60县级政府行政服务群众满意度							√
61人民群众对全面建成小康社会成果满意度				√			

一、更加突出经济社会结构指标

从分类指标的汇总情况看，每个小康社会指标体系均包含经济发展类指标，且赋予的权重较高，凸显了经济发展类指标的重要性。

具体来讲，国家统计局全面建成小康社会指标体系增加了居民消费支出占GDP比重等反映经济社会结构的指标，开始更加突出我国促进经济结构优化调整的发展导向。国家发改委系统提出的小康社会指标体系均采用了人均GDP和服务业增加值占比等指标，中国社科院的研究更加注重社会发展方面的内容，江苏省新增和提升了部分民主法治类指标目标值，贵州省新增了第二、第三产业增加值占GDP比重。因此，广西壮族自治区作为后发展地区，经济发展是首要任务，人均GDP指标等经济类指标显得十分有必要。

二、更加注重老百姓的切实感受

国家发改委认为，全面建成小康指标体系应更加强调群众感受度，适度增加更多老百姓感同身受的指标，将人民生活类的城乡居民人均收入指标细分为城镇居民人均可支配收入、农村居民人均纯收入、城镇最低收入户居民收入和农村最低收入户居民收入4个指标。贵州省指标体系更加重视民生，将人民生活类细分为了社会和谐、生活质量两类。江苏省专门设立一项评判指标，以更加准确地反映人民群众对于现代化发展成果的满意度。因此，广西壮族自治区指标体系也可以适当强化居民收入指标，新增扶贫人口减少数、食品安全、城市环境空气质量优良率等广大居民能够切身感受的指标。

三、更加注重兼顾地区差异性

国家统计局全面建成小康社会统计监测指标体系中，首次考虑到全国31个省区市（不包括港澳台地区，下同）资源禀赋、地理人口、发展基础等差异，设计了一套差异目标值方案，把31个省区市按东、中、西部地区设置不同的目标值，体现了兼顾地区差异性的重要导向。从具体指标的汇总情况看，绝大部分小康社会指标体系都包含如城乡居民收入比、地区人均基本公共服务支出差异系数等城乡之间相对比的指标。湖南省和贵州省均确立了以县为单位全面建设小康社会统计监测指标体系，将全省分为若干个地区分别考核。因此，这对广西壮族自治区下一步构建各县区指标体系提供了很好的参考借鉴作用。

四、更加突出当地发展的特色

在突出与全国同步实现全面建成小康社会奋斗目标的基础上，新增部分自身的特色指标。比如，贵州省增加民族团结和睦指数，贵州和湖南均新增了森林覆盖率指标。因此，广西壮族自治区也可以根据生态环境良好、可再生能源资源条件优越等优势，新增若干特色指标。

从考核角度看，为了与国家目标任务衔接和便于考核，大多数省份都将国家统计局小康指标体系作为监测考核指标体系，相应地，大多数地市都将省级指标体系作为监测考核指标体系。比如，浙江基本采用国家统计局制定的全国统一方案下的小康社会指标体系标准，但因单位 GDP 二氧化碳排放量等 4 项指标数据获取原因，暂时不纳入总分计算，指标数量为 35 项。

从工作开展角度看，部分省份向下一级进行任务分工和指标分解时，都会根据自身特色、各地发展差异，制定差异化的考核指标体系，并分别给予指标较高、适中和较低的考核目标值。

广西壮族自治区党委第十届三次全会明确提出要与全国同步全面建成小康社会的奋斗目标，并于 2013 年 2 月广西壮族自治区人民政府出台了《广西与全国同步建成小康社会指标分工方案》。目前，全区层面基本上采用国家统计局全面建成小康指标体系（西部地区）标准，综合测算全面建成小康社会进展情况。据此标准计算，2015 年广西全面小康实现程度为 86.1%，"十二五"时期年均提高 3.9 个百分点。

第三章 广西与全国同步建成小康 社会的形势分析

中国经济进入以"经济进入前期过剩产能消化期,经济增速换挡期,结构转型阵痛期"为特征的"三期叠加"和以"周期性因素、结构性因素和外源性因素叠加"为特征的"三性叠加"期。经济进入新常态,意味着 GDP 增长正式告别以往 10% 的水平,这是经济发展阶段的现状和收入阶段跨越所决定的。

表面上看,新常态是增长速度的换挡与调整,本质上是增长动力的转换。在增长趋势性放缓的过程中,经济阶段性底部和新增长中枢已逐渐明确,但稳定且持续的新增长动力尚未完全确立,新常态下的平衡也未建立起来。经济增长进入以"增长动力的转换,经济发展方式的转换,新旧发展模式的转换"为特征的"三转换"期。当前我国增长动能处于破旧进行时和立新未完成时并行,新旧增长动力能否顺利衔接,经济能否顺利换挡,经济增长能否上一个台阶,关键在于能否实现增长动力的"去旧换新"。"去旧"即制造业去过剩产能,房地产的去泡沫化和金融领域的去杠杆化,"换新"指新增长动力的培育。

"十三五"期间我国将打造创新驱动型国家,要素驱动型向创新驱动型转型必然伴随着阵痛,即全要素生产率下降,依靠技术进步获取增长的难度和阻力也比以往更大。我国创新基础仍然较薄弱,研发密集度低,科技储备不足,技术推广应用机制不健全。随着资源环境硬约束的突出,要实现从过去主要依靠大量资源和要素投入的发展模式转变为主要依靠集约型和创新驱动的发展模式,将面临越来越大的困难。

广西经济社会发展与全国面临相同的形势,即当前广西的经济社会发展将进入新的历史阶段,全面小康社会建设面临的发展机遇前所未有,面临的风险和挑战也前所未有。

第一节 广西与全国同步全面建成小康社会的重要性和紧迫性

"要与全国同步全面建成小康社会"是自治区党委十届三次全会和自治区十二届人大一次会议提出的奋斗目标，凝聚着5000多万各族人民的美好夙愿和热切期待。经过近年来的跨越式发展，广西经济社会建设迈上新的台阶。广西在国家区域发展总体格局中的地位明显提高，在国家对外开放战略中的作用更为凸显[①]，这一目标的实现已具备坚实基础。

一、全面建成小康社会是实现中国梦的关键一步

确保"到2020年全国全面建成小康社会"，是党中央对全国人民做出的庄严承诺，也是对各族人民提出的新要求。这是100多年来中国人民强国梦想最实在、最具体的表现，是实现中华民族伟大复兴中国梦的关键一步。实现这个目标就是实现习近平总书记的承诺："更好的教育、更稳定的工作、更满意的收入、更可靠的社会保障、更高水平的医疗卫生服务、更舒适的居住条件、更优美的环境""孩子们能成长得更好、工作得更好、生活得更好"[②]。

全面小康的实现，关系中国梦的奠基，是推进当代中国发展进步必须回答的重大课题。在"四个全面"战略布局中，全面建成小康社会是处于引领地位的战略目标。然而，要把一个人口比欧盟、美国、日本加起来还多的大国带入全面小康，这是人类历史上从未有过的伟大壮举，不可能一蹴而就[③]，需要有更大信心和恒心，需要全国人民同心同德，付出不懈努力[④]。

二、同步建成小康社会是党中央对少数民族地区的殷切希望

习近平总书记一再强调，"小康不小康，关键看老乡"。"一个民族都不能少""不能丢了农村这一头""决不能让一个老区掉队"……这一系列论断，充分体现了把13亿多人全部带入全面小康的坚定决心。2013年9月，李克强总理在中央民

---

① 章远新. 加快"富民强桂"新跨越的行动纲领——解读广西"十二五"规划纲要［J］. 当代广西，2011（6）.

② 2012年11月15日习近平总书记在十八届中央政治局常委与中外记者见面会上的讲话。

③ 本报评论员. 让全面小康激荡中国梦［N］. 人民日报，2015-02-26.

④ 本报评论员. 让全面小康激荡中国梦——二论协调推进"四个全面"［N］. 人民日报，2015-02-26.

族工作会议上明确指出，"到 2020 年实现全面建成小康社会的目标，还有 6 年，时间已经不多了。全面建成小康社会，民族地区是短板，是重点，更是难点。我们虽然不要求全国一个标准、统一规划，发达地区水平可以更高一些，但全面建成小康社会还要有基本要求，少数民族兄弟不能落伍，民族地区不能掉队①。没有民族地区的小康，就没有全国的全面小康，我们约定要让全民族人民一道过上小康生活。所以必须加快民族地区发展，切实帮助他们解决发展中的特殊困难"。

中央领导的要求和殷切希望，为广西与全国同步全面建成小康社会指明方向、提供了强大动力。广西是全国 5 个少数民族自治区之一，其自身有 16 个民族，虽然其地理位置接近东部，但其经济社会发展仍然属于落后类型。广西要与全国同步建成小康社会，既是其自身发展的客观需要，也是中央的要求。

三、同步建成小康社会是实现现代化，追赶发达地区的重要举措

小康社会是现代化征程的一个特殊阶段，与全国同步全面建成小康社会是自治区党委、政府的明确要求，是全区人民的殷切期盼。广西地处祖国南疆，经济社会还比较落后，属于经济后发展欠发达地区，处于追赶型发展阶段，与全国尤其与发达地区相比，差距较大。全国 2015 年人均 GDP 已突破 6700 美元，北京、天津这些发达地区已突破 15000 美元，广西尚未达到 5000 美元，比全国低 1800多美元，仅相当于发达地区的 1/3 左右。而同期广西城镇居民人均可支配收入、农民人均纯收入（现价）分别仅为 23305 元和 6791 元，分别比全国低 3650 元和2105 元。

广西若不加快发展，及时开启新的征程，就很有可能失去时代所提供的机遇。广西只有在世界经济、中国经济格局大调整中抢抓先机，谋划发展，确立更高的目标追求，才能够在"两个目标"建设进程中后发快进、后来居上，实现富民强桂新跨越目标。

第二节　广西与全国同步全面建成小康社会面临的重大机遇

国家赋予广西发展新定位新使命及国家加大对革命老区、民族地区、边疆地区、贫困地区扶贫力度等重大机遇，广西区位、资源、生态、政策等多重优势正

---

① 江东洲. 落实"四个全面"战略布局　不断谱写祖国南疆繁荣稳定新篇章［N］. 科技日报，2015 – 03 – 13.

在日益凸显，与全国同步全面建成小康社会正处于大有作为的机遇期。

一、国家赋予广西新定位新使命，成为促进广西腾飞的强大动力

2015 年 3 月 8 日，习近平总书记在参加十二届全国人大三次会议广西代表团审议时的讲话中明确指出，"国家制定的'一带一路'战略规划对广西的定位是：发挥广西与东盟国家陆海相连的独特优势，加快北部湾经济区和珠江—西江经济带开放发展，构建面向东盟的国际大通道，打造西南中南地区开放发展新的战略支点，形成 21 世纪海上丝绸之路与丝绸之路经济带有机衔接的重要门户"①②。

同时，国家进一步促进区域协调发展，支持中西部地区努力实现全面建成小康社会目标，继广西北部湾经济成为国家重点开发区域之后，国家又批复《珠江—西江经济带发展规划》和《革命老区振兴规划》"三区统筹"实现国家战略全覆盖，出台支持南宁内陆开放型经济战略高地、桂林国际旅游胜地、东兴和凭祥国家重点开发开放试验区、沿边金融综合改革试验区，以及北部湾海关特殊监管区、中马钦州产业园等发展的一系列政策举措，进一步凸显了广西在国家发展总体战略格局中的重要地位和作用。这为走活广西发展这盘棋，实现广西经济腾飞创造了良好条件。

二、国际影响力和区域竞争力的提升，为广西发展拓展了广阔空间

中国—东盟博览会和商务与投资峰会、泛北部湾经济合作论坛等国际影响力持续扩大，"南宁渠道"作用进一步凸显。中国—马来西亚钦州产业园和马来西亚—中国关丹产业园成为面向东盟开放合作的典范。新常态下，国家进一步实施全方位开放战略，推进我国与全球经济体系深度融合，大力推动"一带一路"建设，与东盟合力打造中国—东盟自由贸易区升级版，共建中国（南宁）—新加坡经济走廊，使广西在服务国家战略中不断提升开放水平，提升国家影响力。

目前，已有 6 个国家在南宁设立领事结构，东盟连续 13 年成为广西最大贸易伙伴，与世界 30 个国家建立 73 对国际友好城市。2003 年，广西进出口总值仅为 31.9 亿美元，其中与东盟的贸易额仅为 8.26 亿美元。2015 年，广西进出口贸易总额增加到 405.53 亿美元，其中与东盟贸易额增加到 161.43 亿美元，分别比 2003 年增长 11.7 倍和 18.5 倍。桂港、桂澳、桂台合作不断深化。

中国—马来西亚钦州产业园区是中马两国投资合作旗舰项目，与马来西亚—

---

① 习近平参加广西代表团审议. 新华网［EB/OL］, http：//www. xinhuanel. com, 2015 - 03 - 08.
② 江东洲. 落实"四个全面"战略布局 不断谱写祖国南疆繁荣稳定新篇章［N］. 科技日报，2015 - 03 - 13.

中国关丹产业园区共同开创了"两国双园"国际园区合作新模式。在此基础上，正积极申报中国（北部湾）自由贸易试验区①。2014年11月，习近平主席、李克强总理在会见马来西亚总理纳吉布时指出，要对接各自发展战略，将钦州、关丹产业园区打造成中马合作旗舰项目和中国—东盟合作示范区②。国务院专门出台支持园区政策，明确支持园区先行先试、深化改革，在产业发展、金融创新、外汇管理、人才建设和土地开发利用等方面给予园区一系列政策支持③。

为统筹推进"两国双园"开发建设，中马两国政府还专门组建了由中国商务部和马来西亚贸工部牵头的中马"两国双园"联合合作理事会，建立了"两国双园"联合招商机制。广西壮族自治区专门制定了支持中马钦州产业园区开发建设的扶持政策，并明确提出要举全区之力促进园区科学发展、跨越发展④。

中马钦州产业园区规划面积55平方千米，规划人口50万人。园区分三期建设，首期15平方千米，其中启动区7.87平方千米。园区分为工业区、科技研发区、配套服务区和生活居住区⑤。2014年，园区启动区基础设施框架基本完成，已经基本具备成片开发和产业项目"即到即入园"的条件。一批高新技术和战略性新兴产业项目陆续签约入园，已经形成加速集聚态势。设立8亿元"园区建设基金"，开展外商投资企业外汇资本金意愿结汇制，推进跨境人民币贷款业务⑥。

2013年钦州市启动建设中国—东盟港口城市合作网络基地，加快构建覆盖东盟国家47个港口城市的航线网络。钦州港已开通了内外贸航线22条，成为中国西南沿海最重要的集装箱枢纽港。2014年9月，中国钦州港与马来西亚关丹港缔结姐妹港关系，双方将在航线、物流、信息、人才等多领域开展合作，并进一步促进中马钦州产业园和马中关丹产业园的互动发展⑦。

关丹港是马来西亚重要的新建深水港，广西北部湾国际港务集团2013年9月入股关丹港，与马来西亚IJM集团共同打造马来西亚东海岸最大的深水港⑧。

广西与广东、湖南、云南、贵州等周边省份的合作日益紧密，两广经济一体化势头良好，逐步成为国际区域合作新高地。2013年1月，广西壮族自治区与云

①⑤　中国—马来西亚钦州产业园区简介［EB/OL］．中国—马来西亚钦州产业园区门户网站，ht-tp：//www.qip.gov.cn/.

②　习近平会见参加APEC会议5经济体领导人［N］．人民日报（海外版），2014-11-11.

③　国务院办公厅：关于支持中国—马来西亚钦州产业园区开发建设的复函。

④　广西壮族自治区人民政府：关于中国—马来西亚钦州产业园区开发建设优惠政策的通知，（桂政发〔2012〕67号）。

⑥　中国—马来西亚钦州产业园区网站，http：//www.qip.gov.cn.

⑦　市县短讯［N］．广西经济，2014-09-26.

⑧　简文湘．钦州港与马来西亚关丹港缔结姐妹港［N］．广西日报，2014-09-16.

南省签署《关于建设云南（广西北部湾经济区）临海产业园战略合作实施协议》，标志着对中国西部地区提升开放型经济水平有着重要推动作用的跨省区合作产业园——云南临海产业园正式进入实质性建设阶段。根据协议，云南临海产业园由北海、防城港两个园区组成。

先期启动的北海园区位于北海市区东部的铁山港（临海）工业区，总面积约4.5平方千米，配套4个10万吨级泊位；防城港园区位于防城港市企沙南港区，总面积约4.7平方千米，配套两个10万吨级泊位。作为广西北部湾经济区和云南桥头堡两个国家战略联动发展重要载体的云南临海产业园，将重点打造战略性新兴产业、先进制造业、现代物流业、商贸以及化工、钢铁、冶金、能源等主要产业的综合开发，打造产业集群，将产业园建成滇桂两省区深化合作交流的重要平台，云南面向太平洋出海物流大通道、对外开放和实施"走出去"战略的重要窗口，广西延伸经济腹地的重要基地①。

2014年7月，广西和湖南省签署《广西湖南关于加紧落实进一步深化桂湘合作框架协议的会谈纪要》。《纪要》明确了2014～2016年应重点推进的合作项目。加快提升交通互联互通水平，尽快建成两省区已规划对接的高速公路，切实解决"断头路"问题；共同抓好既有铁路线扩能改造，规划一批新的铁路建设项目；加强港口合作，支持广西企业在湖南建立内陆"无水港"；增加航空运力投入，加密往返两区省之间的航班，开辟至东盟的国际航线网络。以钦州（湖南）临港产业园建设为重点推进产业合作，共同打造优势特色产业基地②。

2014年10月，广西北部湾国际港务集团、湛江港（集团）股份有限公司与南宁、湛江两地海关签署深化合作备忘录，共同加快推进广西北部湾港口、湛江港两地区域通关一体化改革，促进环北部湾港口群竞合发展。通过提高通关效率、降低企业通关成本，深化中南、西南地区海关区域通关合作，实现两港与腹地的进出口物流无缝对接，进一步提高外贸服务水平，实行差别化管理，为外贸企业减负增效，助推中南、西南企业外向型经济的持续发展③。

三、多项改革逐步深化，激发广西发展新活力

行政管理、财税、国有企业、投融资、土地制度、非公有制经济、现代市场、开放合作、生态文明等领域的改革不断推出，北部湾经济综合配套试验区、东兴和凭祥重点开发开放试验区、沿边金融综合改革试验区、桂林服务业

---

① 广西壮族自治区与云南省签订战略合作实施协议［N］. 广西日报，2013-01-11.
② 桂湘进一步深化合作将加速对接高速公路［EB/OL］. 湖南省交通运输厅网站，2014-07-10.
③ 骆万丽. 邕湛海关联推环北部湾港口群竞合发展两地四方深化合作备忘录正式签署［N］. 广西日报，2014-11-02.

综合改革试验区和城乡统筹配套改革试验区、新型城镇化综合试点等各类试验区（点）的先行先试，大大地激发了市场活力，增加了公共产品的有效供给，刺激了新的需求，对广西经济增长的拉动作用将逐步显现出来，为"十三五"经济增长提供机遇。

四、加快发展的良好势头，为同步建成小康社会奠定了坚实基础

近年来，广西经济社会加快发展，取得了辉煌成就。

经济快速发展，综合实力显著增强。2015 年，广西生产总值达到 16803 亿元，比 2010 年增长了 63.77%（翻 0.71 番）。2010～2015 年广西 GDP 年均增长 10.6%，人均 GDP 年均增长 10.5%，分别高于全国 2.6 和 3 个百分点。2010～2015 年，财政收入、社会消费品零售总额、进出口总额年均分别增长 15.2%、14.6% 和 21.0%，分别高于全国 1.2、0.9 和 14 个百分点。

新型工业化城镇化快速推进，经济结构逐步优化。三次产业结构由 2010 年的 17.5:47.1:35.4 调整为 2015 年的 15.4:46.8:37.8①，第一产业比重降低 2.1 个百分点，第三产比重则提高了 2.4 个百分点。工业化率（工业增加值除以农业增加值）由 2010 年的 2.3 提高到 2015 年的 2.5，步入工业化中期向中后期发展阶段。

一批重大基础设施和产业产能逐步释放，发展后劲不断增强。2015 年，高速公路里程达 3747 千米，新增里程 442 千米，高速公路已通达 80 个县（市、区），通达率 73%。贵广、南广高铁开通运行，高铁新增里程 443 千米，贯通区内 10 个市，通达全国 13 个省份，"12310"高铁经济圈初步形成。2011～2015 年固定资产投资年均增长 20.1%，高于全国同期。

人民生活持续改善，社会事业全面进步。2015 年，城镇居民可支配收入达到 16416 元，农民人均纯收入达到 9467 元，分别比 2010 年增长 44.57%（翻 0.53 番）和 66.52%（翻 0.74 番）。2010～2015 年城镇居民可支配收入、农民人均纯收入实际年均增长分别为 7.9% 和 10.1%，接近全国速度。教育、文化、卫生事业取得显著成效，2015 年九年义务教育巩固率提高到 90.3%，学前教育三年毛入园率、高中阶段和高等教育毛入学率分别为 70.4%、82% 和 27.3%，增幅为历年最高。实现自治区示范性普通高中县县全覆盖、中等职业教育学生免学费全覆盖。公共医疗卫生、公共文化服务能力持续提升。基本社会保险覆盖率达 82.8%，已实现医疗保险全覆盖，养老保险覆盖率也已接近七成。生态环境保护已形成共识。

---

① 庞丽萍.广西实现"两个翻番"目标的思考［J］.广西经济，2015（11）.

第三节 广西与全国同步全面建成小康 社会面临的严峻挑战

当前及今后一段时期，广西属于后发展、欠发达地区。广西面临着内生动力不强、增长后劲不足、市场活力不够等问题。同时，广西贫困人口多、面广、程度深，脱贫任务仍然十分繁重，一些新矛盾、新问题也可能伴随新常态出现，与全国同步全面建成小康社会面临的困难更多，挑战更严峻[1]。

一、经济持续下行的压力增大

我国仍处于"三期叠加"时期，经济增长的调整远未到位，经济下行压力仍然加大，经济内生动力减弱。广西经历"十五"时期10.8%，"十一五"时期13.9%，"十二五"前三年11.2%的高速增长，2014年回落到8.5%，2015年回落到8.1%，回落幅度均大于全国[2]。由于当前仍然处在深化结构调整阶段，预计"十三五"期间全国经济将继续呈现放缓趋势，这对广西经济增长无疑将形成严峻挑战。

二、经济转型升级更为复杂

2016年，广西第一产业比重为15.3%，占比仍然偏高。传统优势产业面临困境，资源型产业产能过剩矛盾突出，先进制造业和现代服务业等产业发展滞后。科技、劳动素质和管理创新对经济增长的贡献率仍然偏低，经济增长主要依靠投资拉动、资源消耗和廉价劳动力。在新常态下，经济发展应更多关注质量和效益，广西产业发展将不可避免地经历阵痛，广西经济转型升级面临形势严峻[3]。

三、经济发展与环境保护的矛盾愈加突出

广西壮族自治区资源型产业比重大，传统粗放型的经济增长方式没有根本转变，资源浪费和环境污染严重，生态风险日益突出。在国家进一步强化节能减排约束和人民群众越来越关注环境这一背景下，发展与保护面临严峻挑战。

---

[1][2][3] 庞丽萍. 广西实现"两个翻番"目标的思考［J］. 广西经济，2015（11）.

四、维护社会和谐的压力加大

教育、就业、社会保障、医疗、住房、生态环境、安全生产、社会治安、征地乔迁等关系群众切身利益的问题较多。城乡差距、区域发展差距、居民收入差距等问题突出。以前一些社会矛盾和问题被经济高速增长掩盖了，没有显现出来，但随着经济增长速度变缓，有些社会矛盾和问题可能会显现出来，从而给维护社会和谐稳定带来一定挑战。

第四章 广西全面建成小康社会进程分析

全面建成小康社会统计监测指标体系，是分析评价小康社会建设进程的衡量标准。国家统计局按照中国共产党第十八次全国代表大会报告提出的新目标要求，提出了新的全面建成小康社会统计监测指标体系。指标体系框架由经济发展、民主法治、文化建设、人民生活和资源环境五大类39项指标组成。全面建成小康社会统计监测指标体系分为全国标准和东部地区、中部地区、西部地区标准。因每万名公务人员检察机关立案人数、地区人均基本公共服务支出差异系数、基尼系数、单位 GDP 二氧化碳排放量 4 项指标暂无统一数据，按国家统计局规定未纳入计算，即目前只按 35 项指标进行计算。

广西壮族自治区统计局根据国家统计局提出的全面建成小康社会统计监测指标体系，结合广西实际，对部分指标和目标值进行了微调，提出了全国统一标准方案（全国及各地区统一目标值）和西部地区差异化评价方案（西部目标值），本书主要依据广西统计局提出的全面建成小康社会统计监测指标体系进行测算。

第一节 广西全面建成小康社会现状评估

一、按全国标准测算，实现程度 84.9%

2015 年，广西全面小康实现程度为 84.9%，比 2010 年（68.7%）提高了 16.2 个百分点，广西"十二五"期间年均提高 3.2 个百分点。2000～2015 年总共提高了 33.2 个百分点，平均每年提高约 2.2 个百分点。从发展时期看，广西"十五"期间、"十一五"期间、"十二五"期间分别提高 1.2 个、2.2 个和 3.2 个百分点，建成小康社会进程呈现加快发展的良好趋势，如表 4-1 所示。

表 4 - 1　广西全面小康进程分时期提高幅度（全国标准）　　　单位：%

时期	"十五"期间	"十一五"期间	"十二五"期间
广西全面小康实现程度年均提高	1.2	2.2	3.2

从类型看。经济发展、民主法治、文化建设、人民生活和资源环境实现程度分别为 77.1%、85.9%、78.9%、92.1% 和 86.5%，人民生活实现程度最高，经济发展实现程度最低，两者相差 15.0 个百分点。与 2010 年相比，实现程度提高最快的是文化建设，提高了 24.7 个百分点，然后依次为经济发展、资源环境、人民生活和民主法治，分别提高 17.5 个、16.5 个、16.0 个和 5.1 个百分点，如表 4 - 2 所示。

表 4 - 2　广西全面小康实现程度分类型情况（全国标准）　　　单位：%

分类指标	2010 年	2011 年	2012 年	2013 年	2014 年	2015 年	2010 ~ 2015 年
经济发展	59.6	62.8	66.1	70.1	73.0	77.1	17.5
民主法治	80.8	81.7	82.6	83.8	84.7	85.9	5.1
文化建设	54.2	58.8	63.4	67.1	73.9	78.9	24.7
人民生活	76.1	80.7	84.7	88.7	90.5	92.1	16.0
资源环境	70.0	73.2	76.8	80.4	83.3	86.5	16.5

从具体指标看。35 项监测指标中，有 17 项指标实现程度达到 90% 以上，其中 7 项指标已达小康标准。达到小康标准的指标为：居民消费支出占 GDP 比重、工业劳动生产率、恩格尔系数、城乡居民收入比、平均预期寿命、农村卫生厕所普及率和城市生活垃圾无害化处理率。此外，有 8 项指标处于 80% ~ 90%；5 项指标处于 60% ~ 80%；5 项指标低于 60%。如表 4 - 3 所示。

表 4 - 3　2015 年广西全面小康具体指标实现程度（全国标准）

指标名称	数值	目标值	实现程度
居民消费支出占 GDP 比重（%）	39.6	36	100.0
工业劳动生产率（万元/人）	16.1	12	100.0
恩格尔系数（%）	34.9	40	100.0
城乡居民收入比（以农为1）	2.8	2.8	100.0
平均预期寿命（岁）	76.0	76	100.0
农村卫生厕所普及率（%）	79.0	75	100.0
城市生活垃圾无害化处理率（%）	98.7	85	100.0
失业率（%）	2.9	6	99.9

续表

指标名称	数值	目标值	实现程度
城乡居民家庭人均住房面积达标率（%）	59.6	60	99.3
环境质量指数（%）	99.3	100	99.3
基层民主参选率（%）	92.8	95	97.7
每千人口拥有执业医师数（人）	1.9	1.95	97.4
单位 GDP 能耗（2010 年不变价）（吨标准煤/万元）	0.6	0.6	95.2
每万人口拥有"三馆一站"公用房屋建筑面积（平方米）	419.7	450	93.3
平均受教育年限（年）	9.7	10.5	92.4
农业劳动生产率（万元/人）	1.8	2	90.0
基本社会保险覆盖率（%）	85.5	95	90.0
有线广播电视入户率（%）	53.8	60	89.7
公共交通服务指数（%）	88.3	100	88.3
农村自来水普及率（%）	70.3	80	87.9
单位 GDP 建设用地占用面积（2010 年不变价）（公顷/亿元）	69.4	60	86.5
互联网普及率（%）	42.8	50	85.6
社会安全指数（%）	84.0	100	84.0
第三产业增加值占 GDP 比重（%）	38.9	47	82.8
人均公共文化财政支出（元）	164.7	200	82.4
城镇人口比重（%）	47.1	60	78.5
主要污染物排放强度指数（%）	72.0	100	72.0
城乡居民文化娱乐服务支出占家庭消费支出比重（%）	4.1	6	68.3
城乡居民人均收入（2010 年不变价）（元）	16873.4	25000	67.5
文化及相关产业增加值占 GDP 比重（%）	3.2	5	64.0
每万人口拥有律师数（人）	1.3	2.3	58.3
单位 GDP 水耗（2010 年不变价）（立方米/万元）	190.0	110	57.9
人均 GDP（2010 年不变价）（元）	32378.0	57000	56.8
每万人口发明专利拥有量（件）	2.0	3.5	56.6
R&D 经费支出占 GDP 比重（%）	0.7	2.5	29.2

二、按西部地区达标要求测算，实现程度 86.1%

2015 年，广西全面小康实现程度为 86.1%，比 2010 年（66.6%）提高了 19.5 个百分点，广西"十二五"期间年均提高 3.9 个百分点。2000～2015 年总共提高了 38.5 个百分点, 平均每年提高约 2.6 个百分点。从发展时期看, 广西 "十五" 期间、"十一五" 期间、"十二五" 期间分别提高 1.4 个、2.4 个和 3.9 个百分点, 建成小康社会进程呈现逐步加速的良好趋势, 如表 4 – 4 所示。

表 4 – 4　广西全面小康进程分时期提高幅度（按西部地区达标要求）　单位:%

时期	"十五" 期间	"十一五" 期间	"十二五" 期间
广西全面小康实现程度年均提高	1.4	2.4	3.9

从类型看。2015 年广西经济发展、民主法治、文化建设、人民生活、资源环境实现程度分别为 81.2%、85.9%、78.9%、91.7% 和 88.5%, 人民生活实现程度最高, 比实现程度最低的文化建设高 12.8 个百分点。与 2010 年相比, 提高最快的是经济发展, 提高了 26.1 个百分点, 然后依次为文化建设、人民生活、资源环境和民主法治, 分别提高 24.7 个、21.2 个、16.7 个、5.1 个百分点, 如表 4 – 5 所示。

表 4 – 5　广西全面小康实现程度分类型情况（按西部地区达标要求）　单位:%

分类指标	2010 年	2011 年	2012 年	2013 年	2014 年	2015 年	2015 ~ 2020 年
经济发展	55.2	59.8	64.9	70.7	75.2	81.2	26.1
民主法治	80.8	81.7	82.6	83.8	84.7	85.9	5.1
文化建设	54.2	58.8	63.4	67.1	73.9	78.9	24.7
人民生活	70.5	76.4	81.8	86.1	89.1	91.7	21.2
资源环境	71.8	75.1	78.8	82.6	85.6	88.5	16.7

从指标看。35 项具体监测指标中, 2015 年广西有 20 项指标实现程度达到 90% 以上, 其中 8 项指标已达小康标准。达到小康标准的指标为: 居民消费支出占 GDP 比重、工业劳动生产率、恩格尔系数、城乡居民收入比、平均预期寿命、农村卫生厕所普及率、单位 GDP 能耗（2010 年不变价）和城市生活垃圾无害化处理率。此外, 有 6 项指标处于 80% ~ 90%; 7 项指标处于 60% ~ 80%; 2 项指标低于 60%。如表 4 – 6 所示。

表 4 – 6　2015 年广西全面小康具体指标实现程度（按西部地区达标要求）

指标名称	数值	目标值	实现程度
居民消费支出占 GDP 比重（%）	39.55	36	100.0
工业劳动生产率（万元/人）	16.1	12	100.0
恩格尔系数（%）	34.93	40	100.0
城乡居民收入比（以农为1）	2.79	3	100.0

续表

指标名称	数值	目标值	实现程度
平均预期寿命（岁）	76	76	100.0
农村卫生厕所普及率（%）	79	70	100.0
单位 GDP 能耗（2010 年不变价）（吨标准煤/万元）	0.63	0.65	100.0
城市生活垃圾无害化处理率（%）	98.65	80	100.0
失业率（%）	2.92	6	99.9
城乡居民家庭人均住房面积达标率（%）	59.6	60	99.3
环境质量指数（%）	99.3	100	99.3
基层民主参选率（%）	92.8	95	97.7
每千人口拥有执业医师数（人）	1.9	1.95	97.4
互联网普及率（%）	42.8	45	95.1
农村自来水普及率（%）	70.3	75	93.7
单位 GDP 建设用地占用面积（2010 年不变价）（公顷/亿元）	69.4	65	93.7
每万人口拥有"三馆一站"公用房屋建筑面积（平方米）	419.7	450	93.3
平均受教育年限（年）	9.7	10.5	92.4
基本社会保险覆盖率（%）	85.5	93	91.9
农业劳动生产率（万元/人）	1.8	2	90.0
有线广播电视入户率（%）	53.8	60	89.7
公共交通服务指数（%）	88.3	100	88.3
第三产业增加值占 GDP 比重（%）	38.9	45	86.4
城镇人口比重（%）	47.1	55	85.6
社会安全指数（%）	84	100	84.0
人均公共文化财政支出（元）	164.73	200	82.4
主要污染物排放强度指数（%）	72	100	72.0
城乡居民文化娱乐服务支出占家庭消费支出比重（%）	4.1	6	68.3
每万人口发明专利拥有量（件）	1.981	3	66.0
文化及相关产业增加值占 GDP 比重（%）	3.2	5	64.0
GDP（2010 年不变价）（元）	161.4	200	61.4
城乡居民人均收入（2010 年不变价）（元）	161.1	200	61.1
单位 GDP 水耗（2010 年不变价）（立方米/万元）	190	115	60.5
每万人口拥有律师数（人）	1.34	2.3	58.3
R&D 经费支出占 GDP 比重（%）	0.73	2.2	33.2

第二节 广西全面建成小康社会进程与全国的差距

总体实现程度明显低于全国。2015 年，全国小康实现程度达 92.5%，比广西的实现程度（全国标准）高 7.6 个百分点，广西在全国排第 24 位，进程落后于全国 2～3 年。但从发展的速度看，广西小康社会实现程度的年均提高幅度由慢转快，"十五"时期、"十一五"时期广西小康实现程度提高幅度分别慢于全国 0.3 个和 0.9 个百分点，"十二五"时期转为快于全国 0.2 个百分点。如表 4－7 所示。

表4－7 广西与全国分时期全面小康实现程度年均提高幅度　　　单位:%

时期	"十五"时期	"十一五"时期	"十二五"时期
广西年均提高	1.2	2.2	3.2
全国年均提高	1.5	3.1	3.0
广西—全国	－ 0.3	－ 0.9	0.2

从类型看。2015 年广西和全国差距最大的首先是经济发展和文化建设，分别低于全国 15.8 个和 14.5 个百分点；其次是资源环境、人民生活和民主法治，分别低 4.9 个、3.2 个和 1.5 个百分点。如表 4－8 所示。

表4－8 2015 年广西和全国全面小康实现程度分类型对比　　　单位:%

类型	广西	全国	广西—全国
经济发展	77.1	92.9	－ 15.8
民主法治	85.9	87.4	－ 1.5
文化建设	78.9	93.5	－ 14.5
人民生活	92.1	95.2	－ 3.2
资源环境	86.5	91.4	－ 4.9

从指标看。2015 年广西仅有 10 项指标实现程度高于或等于全国水平；其余 25 项指标均低于全国，其中有 13 项指标与全国差距在 10% 以内，有 7 项指标差距在 10%～20%，有 2 项指标差距在 20%～30%，有 3 项指标差距超过 30%。R&D 经费支出占 GDP 比重与全国差距最大，低 53.6 个百分点，然后是每万人口

发明专利拥有量和单位 GDP 水耗（2010 年不变价）分别低 43.4 个和 37.5 个百分点。如表 4 - 9 所示。

表 4 - 9　2015 年广西与全国实现程度的具体指标比较　　　单位:%

指标	全国	广西	广西—全国
环境质量指数	88.9	99.3	10.4
城乡居民家庭人均住房面积达标率	93.6	99.3	5.7
工业劳动生产率	95.7	100.0	4.3
基层民主参选率	93.5	97.7	4.2
农村卫生厕所普及率	99.1	100.0	0.9
居民消费支出占 GDP 比重	100.0	100.0	0.0
恩格尔系数	100.0	100.0	0.0
城市生活垃圾无害化处理率	100.0	100.0	0.0
平均预期寿命	100.0	100.0	0.0
城乡居民收入比	100.0	100.0	0.0
失业率	100.0	99.9	- 0.1
社会安全指数	84.4	84.0	- 0.4
平均受教育年限	93.1	92.4	- 0.7
主要污染物排放强度指数	73.2	72.0	- 1.2
单位 GDP 能耗（2010 年不变价）	97.7	95.2	- 2.5
每千人口拥有执业医师数	100.0	97.4	- 2.6
基本社会保险覆盖率	95.9	90.0	- 5.9
每万人口拥有"三馆一站"公用房屋建筑面积	100.0	93.3	- 6.7
公共交通服务指数	95.2	88.3	- 6.9
农业劳动生产率	97.0	90.0	- 7.0
单位 GDP 建设用地占用面积（2010 年不变价）	94.6	86.5	- 8.1
有线广播电视入户率	98.2	89.7	- 8.5
农村自来水普及率	96.5	87.9	- 8.6
每万人口拥有律师数	69.6	58.3	- 11.3
城乡居民人均收入（2010 年不变价）	80.3	67.5	- 12.8
互联网普及率	100.0	85.6	- 14.4
城镇人口比重	93.5	78.5	- 15.0
文化及相关产业增加值占 GDP 比重	80.5	64.0	- 16.5
第三产业增加值占 GDP 比重	100.0	82.8	- 17.2

续表

指标	全国	广西	广西—全国
人均公共文化财政支出	100.0	82.4	-17.6
人均 GDP（2010 年不变价）	77.0	56.8	-20.2
城乡居民文化娱乐服务支出占家庭消费支出比重	90.8	68.3	-22.5
单位 GDP 水耗（2010 年不变价）	95.4	57.9	-37.5
每万人口发明专利拥有量	100.0	56.6	-43.4
R&D 经费支出占 GDP 比重	82.8	29.2	-53.6

第三节 广西全面建成小康社会进程与西部地区的差距

按照西部地区达标要求测算的结果来看，广西小康实现程度低于西部地区[①]平均水平。2015 年，西部地区全面小康实现程度为 87.2%，比广西全面小康社会实现程度（按西部地区达标要求）高 1.1 个百分点。2000~2015 年，西部地区全面小康实现程度年均提高 2.7 个百分点，"十一五"时期以来，西部地区年均提高 3.3 个百分点，广西全面小康社会实现程度增长速度同期均低于西部地区 0.1 个百分点。从发展时期看，广西全面小康实现程度年均提高幅度赶超西部。广西全面小康实现程度年均提高幅度在"十五"时期与西部地区基本持平，"十一五"时期比西部地区慢 0.1 个百分点，"十二五"时期广西加快推进，全面小康社会实现程度增速快于西部地区 0.3 个百分点，如表 4-10 所示。

表 4-10 分时期全面小康实现程度年均提高幅度：广西与西部对比 单位:%

时期	"十五"时期	"十一五"时期	"十二五"时期
广西年均提高	1.4	2.4	3.9
西部年均提高	1.4	3.3	3.6
广西—西部	0.0	-0.1	0.3

---

① 西部地区包括：内蒙古、广西、重庆、四川、贵州、云南、西藏、陕西、甘肃、青海、宁夏、新疆 12 个省（区、市）。

在西部保位不容乐观。2015 年，广西全面小康实现程度在西部 12 个省（区、市）中位居第 5，与前三位的重庆、四川、陕西相比差距较大，分别低 7.1 个、5.5 个和 5.4 个百分点；与紧随其后的云南、宁夏、青海差距较小，只高出1.0 个、2.0 个和 3.5 个百分点。

从"十一五"时期以来年均提高幅度看，重庆、四川、陕西均快于广西 1.0个百分点左右，云南、宁夏、青海与广西基本持平。全面小康实现程度年均进程快于广西，广西赶超难度很大，保位前景不容乐观。

从监测指标看，2015 年广西有部分指标明显落后。

一是人均 GDP 较低。广西人均 GDP 为 35190 元，在西部地区排第 8 位，低于内蒙古（71101 元）、重庆（52321 元）、陕西（47626 元）、宁夏（43805 元）、青海（41252 元）、新疆（40036 元）、四川（36775 元），仅高于西藏（31999元）、贵州（29847 元）、云南（28806 元）和甘肃（26165 元）。

二是第三产业增加值占 GDP 比重较低。广西为 38.9%，在西部地区倒数第一。

三是每万人口发明专利拥有量较少。广西为 1.98 件，与新疆并列排第 9 位，仅高于青海和西藏。

四是每万人口拥有律师数较少。广西为 1.34 人，在西部地区排第 9 位，仅高于贵州、甘肃和青海。

五是城乡居民人均收入较低。广西在西部地区排第 6 位，低于内蒙古、重庆、四川、陕西和宁夏。

六是每千人口拥有执业医师数较少。广西为 1.9 人，在西部地区排第 11 位，仅高于贵州。

七是基本社会保险覆盖率较低。广西在西部地区排第 10 位，仅高于宁夏和新疆。

八是单位 GDP 水耗偏高。广西为 190 立方米/万元，在西部地区排第 4 位，仅低于西藏、宁夏和新疆。

第五章 广西全面建成小康社会
主要差距及薄弱指标

经过多年努力，广西全面建成小康社会进程迈上新台阶，但与全国相比仍有一定差距，与发达地区相比差距更大。距离全面建成小康社会目标还存在不少薄弱指标和薄弱环节，更应引起高度重视。

第一节 广西全面建成小康社会主要差距

一、与全国差距较大，后发优势不明显

从总体实现程度看，广西一直落后于全国，提高幅度大多数年份也低于全国。自 2000 年以来，全国年均提高 2.5 个百分点，广西为 2.2 个百分点，广西低于全国 0.3 个百分点。2005 年、2010 年、2015 年等主要年份广西比全国低4.3 个、8.8 个、7.6 个百分点。虽然"十二五"时期广西呈加快发展的势头，但仍与全国有较大差距，后发优势不明显。

二、贫困人口多、程度深，居民收入水平低、差距大

按照每人每年 2300 元（2010 年不变价）的农村扶贫标准计算，2015 年全国农村贫困人口 5575 万人，其中广西 538 万人，占全国总贫困人口的 9.7%，广西贫困发生率为 12.6%，广西贫困人口总量在全国排第 5 位，贫困发生率排第 8位。广西贫困人口绝大多数集中在农村，农村贫困人口脱贫难度大，是制约广西全面建成小康社会的瓶颈。城乡居民人均收入水平低，城乡之间、区域之间收入差距较大。社会保障和公共服务水平也相对较低。

三、经济发展压力大，科技创新能力不强

中国经济步入了新常态，经济增速已经下降至中高速，广西经济发展相对落

后的现状没有根本改变，仍然面临加快发展的压力。

从发展阶段看，全国是在工业化后期进入新常态，而广西在尚处于工业化中期的初级阶段就进入新常态，导致政策红利下降，资源环境、土地供应、财政金融等约束加大，新的增长动力尚未形成，面临的困难更多、挑战更严峻。

从需求方面看，全国投资和出口对经济增长的拉动力逐渐减弱，消费将成为拉动经济增长的新动力。而广西仍以投资拉动为主，出口和消费的拉动力不足。在投资后劲乏力的情况下，广西要保持经济较快发展的难度加大。

从供给方面看，全国经济增长方式已由依靠生产要素规模扩张带动，逐步转向依靠改革创新、人力资源优化和技术进步等要素质量提升带动，而广西转变步伐缓慢。2015年，广西高技能人才占技能劳动者的比重为25%，低于全国10个百分点；R&D投入占GDP比重仅为0.73%，远低于全国2.08%的水平。

四、律师队伍建设薄弱，文化发展相对滞后

律师队伍建设相对薄弱，2015年，广西每万人口拥有律师数仅为1.34人，与2.3人的目标值差距很大。人均公共文化财政支出不足，人均公共文化财政支出仅为164.73元；文化及相关产业增加值占GDP比重较低；城乡居民文化娱乐服务支出占家庭消费支出比重较低。

五、高耗能产业比重大，减排任务繁重

广西资源型高耗能产业比重大，面临着加快工业化进程与转型升级的双重压力。监测数据显示，2015年，主要污染物排放强度指数实现程度在7成左右；水耗较高，单位GDP水耗仍为190立方米/万元，与115立方米/万元的目标值差距很大。

第二节 广西全面建成小康社会薄弱指标

从35项具体监测指标看，2013年，广西尚有8项指标实现程度（按西部地区达标要求）在70%以下，是全面小康建设的短板和难点，这8项指标分别是R&D经费支出占GDP比重、每万人口拥有律师数、单位GDP水耗、城乡居民人均收入实现程度、GDP实现程度、文化及相关产业增加值占GDP比重、每万人口发明专利拥有量和城乡居民文化娱乐服务支出占家庭消费支出比重。具体分析如下：

一、经济发展类存在的薄弱指标

在经济发展类的 9 项监测指标中，GDP 实现程度、R&D 经费支出占 GDP 比重、每万人口发明专利拥有量 3 项指标的实现程度均在 70% 以下，是实现程度相对滞后的指标，存在经济总量偏低，结构不优，技术创新不足，信息化、城镇化水平不高等问题。

一是人均 GDP 偏低。2015 年广西生产总值为 16803 亿元（当年价），在全国排 17 位，属中下水平，占全国的比重仅为 2.5%。人均 GDP 35190 元（当年价），仅相当于全国水平的 71.3%，在全国排 27 位，排位靠后。按 2010 年不变价，仅为 57000 元目标值（全国统一目标值，下同）的 56.8%。"十一五"期间，广西人均 GDP 年均增长 13.5%，保持较高增速，但进入"十二五"后，2011～2015 年增速分别为 12.0%、10.4%、9.3%、7.7% 和 7.2%，呈逐年下滑趋势。

二是第三产业发展相对滞后。2015 年广西第三产业增加值占 GDP 比重为 38.9%，比全国水平（50.5%）低 11.6 个百分点，与全国目标值（47%）差距为 8.1 个百分点，与按西部地区达标要求目标值（45%）差距为 6.1 个百分点。三次产业结构为 15.3：45.8：38.9，与全国的 9.0：40.5：50.5 相比，第一产业比重高 6.3 个百分点，第二产业比重高 5.3 个百分点，第三产业比重低 11.6 个百分点。全国产业结构早在 2012 年已经优化升级，第三产业比重（45.5%，2012 年值）超过第二产业（45.0%，2012 年值），广西短期内仍难以扭转"二三一"的产业结构。全国多年来经济发展依靠投资、消费、出口"三驾马车"协调拉动，而广西对外依存度低，2015 年仅为 19.0%（全国为 36.3%），经济增长主要依靠投资、消费拉动，对投资的依赖性尤为突出。

三是 R&D 占 GDP 比重和每万人口发明专利拥有量低。2015 年广西 R&D（科学研究与实验发展）经费支出占 GDP 比重为 0.73%，全国为 2.08%，差距为 1.35 个百分点，与全国标值（2.5%）差距为 1.77 个百分点，与按西部地区达标要求目标值（2.2%）差距为 1.47 个百分点；每万人口发明专利拥有量仅为 1.98 件，仅相当于全国水平（4.31 件/万人）的 45.9%，仅为全国目标值（3.5 件/万人）的 56.6%，为按西部地区达标要求目标值（3.2 件/万人）的 61.9%。

四是互联网普及率和城镇化水平不高。2015 年广西互联网普及率为 42.8%，比全国平均水平（50.3%）低 7.5 个百分点，与全国目标值（50%）差距为 7.2 个百分点，与按西部地区达标要求目标值（45%）差距为 2.2 个百分点。2015 年广西城镇化率为 47.1%，比全国水平（56.1%）低 9.0 个百分点，与全国标值（60%）差距为 12.9 个百分点，与按西部地区达标要求目标值（55%）差距为 7.9 个百分点。

二、民主法治类存在的薄弱指标

在民主法治类 4 项指标中，每万人拥有律师数指标相对滞后。2015 年广西拥有律师数为 6423 人，同比增长 9.4%，每万人口拥有律师数为 1.34 人，比全国平均水平（1.6 人）低 0.29 人，仅为目标值（2.3 人）的 58.3%，法治化进程亟待加快。

三、文化建设类存在的薄弱指标

在文化建设类的 5 项监测指标中，文化及相关产业增加值占 GDP 比重、城乡居民文化娱乐服务支出占家庭消费支出比重两项指标实现程度相对滞后，存在文化产业增加值偏低，文化公共财政支出以及消费支出比重不高等问题。

一是文化及相关产业增加值占 GDP 比重偏低。2015 年，广西文化及相关产业增加值占 GDP 比重为 3.2%，比全国水平（4.0%）低 0.8 个百分点，远低于全面小康监测目标值（大于 5%）。

二是人均公共文化财政支出少。广西人均公共文化财政支出为 164.7 元/人，仅相当于全国水平的 61.2%，为目标值（200 元/人）的 82.4%。

三是城乡居民文化娱乐服务支出占家庭消费支出比重低。广西城乡居民文化娱乐服务支出占家庭消费支出比重为 4.1%，比全国水平（5.4%）低 1.3 个百分点，仅为目标值（6%）的 68.3%。

四、人民生活类存在的薄弱指标

在人民生活类的 14 项指标中，反映城乡居民收入、公共交通、养老保险的 3 项指标相对滞后，存在城乡居民收入水平低，公共交通、养老保险滞后等问题。

一是城乡居民人均收入不高。2015 年，广西城镇居民人均可支配收入、农民人均纯收入（现价）分别为 26416 元和 9467 元，分别比全国低 4779 元和 1305 元。按 2010 年不变价加权计算的城乡居民人均收入仅为国家标准目标值（25000 元）的 61.1%，为按西部地区达标要求测算目标值（比 2010 年翻一番）的 67.5%。2015 年，广西城乡居民收入比（以农为 1）为 2.8，虽然达到了西部地区达标要求目标值（≤3.0），但城乡居民收入差距仍较大。

二是公共交通建设仍需加大力度。2015 年，广西公共交通服务实现程度为 88.3%，与目标值（100%）差距为 11.7 个百分点。每万人拥有公共交通车辆为 9.1 辆，比全国平均水平（13.3 辆/万人）低 4.2 辆/万人。行政村客运班车通达率为 88%，比全国低 8.1 个百分点。

三是养老保险覆盖率较低。2015 年广西基本社会保险覆盖率为 85.5%，与全国标准目标值（95%）差距为 9.5 个百分点，与按西部地区达标要求目标值（93%）差距为 7.5 个百分点。广西医疗保险从 2010 年起已实现全覆盖，但养老保险覆盖率仍较低。

五、资源环境类存在的薄弱指标

在资源环境类的 7 项指标中，反映节能减排的 2 项指标相对滞后，存在能源消耗较高等问题。

一是单位 GDP 水耗偏高。2015 年广西单位 GDP 水耗为 190 立方米/万元，是全国平均水平（115 立方米/万元）的 1.6 倍，与国家标准目标值（110 立方米/万元）相比仍高出 70%，与按西部地区达标要求目标值（115 立方米/万元）相比仍高出 65%。

二是主要污染物排放强度较大。2015 年广西主要污染物排放强度实现程度仅为 72.0%，低于全国 1.2 个百分点，与目标值（100%）的差距为 28.0 个百分点。目前，广西处于大力发展工业化的阶段，排放前景在短期内难以有明显好转，节能减排存在很大压力。

第六章 广西全面建成小康社会的
实现预期及目标测算

第一节 总体实现程度预期

一、按全国统一方案测算

若按照"十五"时期以来,即 2000～2015 年全面小康实现程度年均进程 2.2 个百分点测算,到 2020 年广西全面小康实现程度为 95.9%。

若按照"十一五"时期以来,即 2005～2015 年全面小康实现程度年均进程 2.7 个百分点测算,到 2020 年广西全面小康实现程度为 98.4%。

广西要与全国在 2020 年同步实现全面建成小康社会目标,2016～2020 年,年均进程需提高 3.0 个百分点。

二、按西部地区达标要求方案测算

若按照"十五"时期以来,即 2000～2015 年全面小康实现程度年均进程 2.5 个百分点测算,到 2020 年广西全面小康实现程度为 98.6%。

若按照"十一五"时期以来,即 2005～2015 年全面小康实现程度年均进程 3.1 个百分点测算,到 2020 年有望实现西部小康目标。

三、从具体指标看

有 16 项指标发展情况较好,可达标或基本达标,但仍需加强巩固。分别为居民消费支出占 GDP 比重、工业劳动生产率、互联网普及率、有线广播电视入户率、每万人口拥有"三馆一站"公用房屋建筑面积、失业率、恩格尔系数、城乡居民收入比、城乡居民家庭人均住房面积达标率、平均预期寿命、每千人口拥有执业医师数、农村自来水普及率、农村卫生厕所普及率、单位 GDP 能耗（2010 年不变价）、环境质量实现程度和城市生活垃圾无害化处理率。

有 12 项指标当前实现程度相对较低，但经过努力仍可达标或基本达标。分别为 GDP、第三产业增加值占 GDP 比重、每万人口发明专利拥有量、城镇人口比重、农业劳动生产率、基层民主参选率、人均公共文化财政支出、城乡居民人均收入、公共交通服务实现程度、平均受教育年限、基本社会保险覆盖率、单位 GDP 建设用地占用（2010 年不变价）。

有 7 项指标实现目标难度较大，需付出更大努力实现新突破。分别为 R&D 经费支出占 GDP 比重、社会安全实现程度、每万人拥有律师数、文化产业增加值占 GDP 比重、城乡居民文化娱乐服务支出占家庭消费支出比重、单位 GDP 水耗（2010 年不变价）、主要污染物排放强度实现程度。

第二节　监测指标目标测算

习近平总书记在 2014 年中央经济工作会议上指出，全面建成小康社会，不可能是"同一水平小康"。根据国家统计局制定的差异性全面建成小康社会统计指标体系，按照达到西部全面小康标准，对具体监测指标年均增长任务目标进行测算。在 39 项指标中，每万名公务人员检察机关立案人数、地区人均基本公共服务支出差异系数、基尼系数、单位 GDP 二氧化碳排放量 4 项指标由于暂无统一数据，国家统计局规定不纳入计算；居民消费支出占 GDP 比重、工业劳动生产率、失业率、恩格尔系数、城乡居民收入比、平均预期寿命、农村卫生厕所普及率、单位 GDP 能耗、城市生活垃圾无害化处理率 9 项指标已达小康标准。其余 26 项指标若要如期实现小康目标，在 2010 ~ 2015 年较快增长的基础上，2016 ~ 2020 年仍需达到一定的增长水平，才能实现到 2020 年与全国同步建成全面小康社会。根据广西实际情况，按照《全面建成小康社会统计监测指标体系》西部地区目标值对各指标进行测算，同时根据广西的实际情况提出建议值。如表 6 - 1、表 6 - 2 所示。

表 6 - 1　广西全面小康监测指标目标测算表

监测指标	目标值	2015 年	2010 ~ 2015 年年均增长	2016 ~ 2020 年年均需增长
GDP（2010 年 = 100）	≥200	161.4	10.0%	4.4%

续表

监测指标	目标值	2015 年	2010～2015 年年均增长	2016～2020 年年均需增长
第三产业增加值占 GDP 比重（％）	≥45	38.9	1.8 个百分点	1.2 个百分点
居民消费支出占 GDP 比重（％）	≥36	39.55	已达小康标准	
R&D 经费支出占 GDP 比重（％）	≥2.2	0.73	0.0 个百分点	0.3 个百分点
每万人口发明专利拥有量（件）	≥3.0	1.98	45.9%	8.7%
工业劳动生产率（万元/人）	≥12	16.1	已达小康标准	
互联网普及率（％）	≥45	42.8	3.5 个百分点	0.4 个百分点
城镇人口比重（％）	≥55	47.1	1.4 个百分点	1.6 个百分点
农业劳动生产率（万元/人）	≥2	1.8	6.7%	2.1%
基层民主参选率（％）	≥95	92.8	0.2 个百分点	0.4 个百分点
每万名公务人员检察机关立案人数（人）	≤8	—	暂不纳入计算	
社会安全实现程度（％）	100	84	0.3 个百分点	3.2 个百分点
每万人拥有律师数（人）	≥2.3	1.34	9.0%	11.4%
文化产业增加值占 GDP 比重（％）	≥5	3.2	0.2 个百分点	0.3 个百分点
人均公共文化财政支出（元）	≥200	164.73	18.3%	4.0%
有线广播电视入户率（％）	≥60	53.8	4.5 个百分点	1.2 个百分点
每万人口拥有"三馆一站"公用房屋建筑面积（平方米）	≥450	419.7	2.4 个百分点	1.4 个百分点
城乡居民文化娱乐服务支出占家庭消费支出比重（％）	≥6	4.1	3.2 个百分点	7.9 个百分点
城乡居民人均收入（2010 年＝100）	≥200	161.1	10.0%	8.4%
地区人均基本公共服务支出差异系数（％）	≤40	—	暂不纳入计算	
失业率（％）	≤6	3.3	已达小康标准	
恩格尔系数（％）	≤40	34.93	已达小康标准	
基尼系数	≤0.4	—	暂不纳入计算	
城乡居民收入比（以农为1）	≤3.0	2.79	已达小康标准	
城乡居民家庭人均住房面积达标率（％）	≥60	59.6	2.3 个百分点	0.1 个百分点
公共交通服务实现程度（％）	100	88.3	2.7 个百分点	2.3 个百分点
平均预期寿命（岁）	≥76	76	已达小康标准	
平均受教育年限（年）	≥10.5	9.7	1.7%	1.6%
每千人口拥有执业医师数（人）	≥1.95	1.9	5.4%	0.5%
基本社会保险覆盖率（％）	≥93	85.5	4.6 个百分点	1.5 个百分点

续表

监测指标	目标值	2015 年	2010 ~ 2015 年年均增长	2016 ~ 2020 年年均需增长
农村自来水普及率（%）	≥75	70.3	4.3 个百分点	1.0 个百分点
农村卫生厕所普及率（%）	≥70	78.4	已达小康标准	
单位 GDP 能耗（2010 年不变价）（吨标准煤/万元）	≤0.65	0.63	已达小康标准	
单位 GDP 水耗（2010 年不变价）（立方米/万元）	≤115	190	−9.1%	−9.6%
单位 GDP 建设用地占用（2010 年不变价）（公顷/万元）	≤65	69.4	−7.5%	−1.3%
单位 GDP 二氧化碳排放量（2010 年不变价）（吨/万元）	—	—	暂不纳入计算	
环境质量实现程度（%）	100	99.3	0.2 个百分点	0.1 个百分点
主要污染物排放强度实现程度（%）	100	72	7.9 个百分点	5.6 个百分点
城市生活垃圾无害化处理率（%）	≥80	98.65	已达小康标准	

表 6 - 2　广西全面小康监测指标目标建议值

监测指标	目标值	2015 年	2020 年建议值	2016 ~ 2020 年年均需增长
GDP（2010 年 = 100）	≥200	161.4	226.4	7.0%
第三产业增加值占 GDP 比重（%）	≥45	38.9	45	1.2 个百分点
居民消费支出占 GDP 比重（%）	≥36	39.55	已达小康标准	
R&D 经费支出占 GDP 比重（%）	≥2.2	0.73	1.7	0.2 个百分点
每万人口发明专利拥有量（件）	≥3.0	1.98	3	8.7%
工业劳动生产率（万元/人）	≥12	16.1	已达小康标准	
互联网普及率（%）	≥45	42.8	45	0.4 个百分点
城镇人口比重（%）	≥55	47.1	55	1.6 个百分点
农业劳动生产率（万元/人）	≥2	1.8	2	0.1%
基层民主参选率（%）	≥95	92.8	95	0.4 个百分点
每万名公务人员检察机关立案人数（人）	≤8	—	暂不纳入计算	
社会安全实现程度（%）	100	84	100	3.2 个百分点

续表

监测指标	目标值	2015 年	2020 年建议值	2016～2020 年年均需增长
每万人拥有律师数（人）	≥2.3	1.34	2.1	9.4%
文化产业增加值占 GDP 比重（%）	≥5	3.2	5	0.3 个百分点
人均公共文化财政支出（元）	≥200	164.73	200	4.0%
有线广播电视入户率（%）	≥60	53.8	60	1.2 个百分点
每万人口拥有"三馆一站"公用房屋建筑面积（平方米）	≥450	419.7	450	1.4 个百分点
城乡居民文化娱乐服务支出占家庭消费支出比重（%）	≥6	4.1	5	4.0 个百分点
城乡居民人均收入（2010 年 = 100）	≥200	161.1	206.1	9.0%
地区人均基本公共服务支出差异系数（%）	≤40	—	暂不纳入计算	
失业率（%）	≤6	3.3	已达小康标准	
恩格尔系数（%）	≤40	34.93	已达小康标准	
基尼系数	≤0.4	—	暂不纳入计算	
城乡居民收入比（以农为1）	≤3.0	2.79	已达小康标准	
城乡居民家庭人均住房面积达标率（%）	≥60	59.6	60	0.1 个百分点
公共交通服务实现程度（%）	100	88.3	100	2.3 个百分点
平均预期寿命（岁）	≥76	76	已达小康标准	
平均受教育年限（年）	≥10.5	9.7	10.5	1.6%
每千人口拥有执业医师数（人）	≥1.95	1.9	1.95	0.5%
基本社会保险覆盖率（%）	≥93	85.5	93	1.5 个百分点
农村自来水普及率（%）	≥75	70.3	75	1.0 个百分点
农村卫生厕所普及率（%）	≥70	78.4	已达小康标准	
单位 GDP 能耗（2010 年不变价）（吨标准煤/万元）	≤0.65	0.63	已达小康标准	
单位 GDP 水耗（2010 年不变价）（立方米/万元）	≤115	190	130	−3.4%
单位 GDP 建设用地占用（2010 年不变价）（公顷/万元）	≤65	69.4	65	−1.3%
单位 GDP 二氧化碳排放量（2010 年不变价）（吨/万元）	—	暂不纳入计算		
环境质量实现程度（%）	100	99.3	100	0.1 个百分点
主要污染物排放强度实现程度（%）	100	72	100	5.6 个百分点
城市生活垃圾无害化处理率（%）	≥80	98.65	已达小康标准	

一、经济发展类监测指标目标测算

经济发展是全面建成小康社会的基础，既包括经济量的增长，即产品和劳务的增加，也包括经济结构的改进和优化，即技术结构、三次产业结构等经济结构的变化，还包括经济质量的改善和提高，即经济效益、劳动生产率的提高等。2015 年，广西经济发展实现程度为 81.2%，2010～2015 年年均提高 5.2 个百分点，2016～2020 年需年均提高 3.8 个百分点。从经济发展方面的 9 项监测指标看，居民消费支出占 GDP 比重和工业劳动生产率两项指标 2015 年已达西部小康标准，需要继续巩固，其余 7 项指标仍需继续努力，才能达到西部小康水平。

（1）GDP。是用于反映经济总量及增长水平的重要指标。国内生产总值（GDP）是指一个国家（或地区）所有常住单位在一定时期内生产活动的最终成果。对于地区，GDP 中文名称为"地区生产总值"①。按西部地区达标要求标准（地区生产总值（GDP）2020 年比 2010 年翻一番）测算，2016～2020 年广西地区生产总值（GDP）年均增长 4.4%，即可实现到 2020 年地区生产总值（GDP）比 2010 年翻一番的目标。按照人均地区生产总值（人均 GDP）翻一番测算，李克强总理在 2014 年中央民族工作会议上指出，全面建成小康社会，最主要的是实现人均国民生产总值比 2010 年翻一番和基本公共服务均等化。照此测算，2020 年广西地区生产总值（GDP）总量需达到 26300 亿元（现价），按可比价计算，2016～2020 年需年均增长 9.4%。综合考虑，建议 2016～2020 年广西地区生产总值（GDP）年均增长应达到 7% 以上，才能更好地与各项目标相衔接，并明显缩小与全国水平的差距。

（2）第三产业增加值占 GDP 比重，是反映产业结构优化升级的指标。第三产业是产业结构升级的未来方向，对于发展方式转变及地区整体竞争力具有重要意义，其产出比重是衡量一个地区产业结构层次高低的重要标准②。2015 年，广西第三产业增加值占地区生产总值（GDP）比重为 38.9%，实现程度为 86.4%，2010～2015 年年均提高 1.8 个百分点，若要达到 45% 的目标值，2016～2020年需年均提高 1.2 个百分点。

（3）R&D 经费支出占 GDP 比重，是指研究与试验发展（R&D）经费投入强度，R&D 活动指在科学技术领域，为增加知识总量，以及运用这些知识去创造新的应用而进行的系统创造性的活动，主要包括基础研究、应用研究、试验发展三类活动。2015 年广西 R&D 经费支出占地区生产总值（GDP）比重仅为 0.73%，2010～2015 年比重基本保持不变，若要达到 2.2% 的目标值，2016～

---

①② 中国统计学会，综合发展指数研究课题组. 综合发展指数研究报告［N］. 中国信息报，2011 – 07 – 08.

2020 年需年均提高 0.3 个百分点。考虑到广西经济结构和 R&D 经费支出的具体情况，建议广西 2020 年 R&D 经费支出占地区生产总值（GDP）比重目标值设为1.7%，则 2016～2020 年需年均提高 0.2 个百分点。

（4）每万人口发明专利拥有量。指每万人拥有经国内外知识产权行政部门授权且在有效期内的发明专利件数，是衡量一个国家或地区科研产出质量和市场应用水平的综合指标。2015 年广西每万人口发明专利拥有量为 1.98 件，实现程度为 66.0%，2010～2015 年年均增长 45.9%，若要达到 3.0 件的目标值，2016～2020 年需年均增长 8.7%。

（5）互联网普及率。指一段时期内互联网使用人口占全部人口的比重，通常国际上用来衡量一个国家或地区的信息化发达程度。2015 年广西互联网普及率为 42.8%，实现程度为 95.1%，2010～2015 年年均提高 3.5 个百分点，若要达到 45% 的目标值，2016～2020 年需年均提高 0.4 个百分点。

（6）城镇人口比重。指城镇人口数量占总体人口数量的比重，也称为城镇化率，是地区经济发展的主要标志，也是衡量地区社会组织程度和管理水平的重要标志，用于反映一个地区城镇化水平高低，衡量城乡二元结构的改善状况，也是反映科学发展观城乡统筹发展的重要指标。2015 年，广西城镇人口比重为 47.1%，实现程度为 85.6%，2010～2015 年年均提高 1.4 个百分点，若要达到 55% 的目标值，2016～2020 年需年均提高 1.6 个百分点。

（7）农业劳动生产率。指平均每个农业劳动者在单位时间内生产的农产品量或产值，或生产单位农产品消耗的劳动时间，是衡量农业劳动者生产效率的指标。2015 年广西农业劳动生产率为 1.8 万元/人，实现程度为 90%，2010～2015 年年均增长 6.7%，若要达到 2 万元/人的目标值，2016～2020 年需年均增长 0.1%。

二、民主法治类监测指标目标测算

民主法治是中国社会主义政治文明和法治中国建设的目标与基本内容，是实现中国梦的双翼。"民主法治"就是社会主义民主得到充分发扬，依法治国基本方略得到切实落实，各方面积极因素得到广泛调动。2015 年广西民主法治实现程度为 85.9%，2010～2015 年年均提高 1.0 个百分点，2016～2020 年需年均提高 2.8 个百分点。从民主法治方面的 4 项监测指标看，每万名公务人员检察机关立案人数由于暂无统一数据，因此不纳入计算。其余 3 项指标仍需努力，以达到西部小康水平。

（1）基层民主参选率，指基层组织参加投票的选民与选民总数的比例，用于衡量一个地区的政治参与水平和民主意识的高低，直接关系到政府的效能以及合法性。基层民主参选率由村委会换届选举参选率和居委会换届选举参选率加权合成。由于村委会（或居委会）每届任期三年，各地换届时间不同，根据民政部门的意见，由近三年数据得出各地村委会（或居委会）换届选举参选率。2015年，广西基层民主参选率为 92.8%，实现程度为 97.7%，若要达到小康标准，2020 年需达到 95% 以上，2016～2020 年需年均提高 0.4 个百分点。

（2）社会安全实现程度，是一个合成实现程度，表示社会安全的状态。指一定时期内，社会安全的几个主要方面（社会治安、交通安全、生活安全、生产安全等）的总体变化情况。其中，社会治安采用万人刑事犯罪率指标；交通安全采用万人交通事故（含道路交通、水上交通、铁路、民航等）死亡率指标；生活安全采用万人火灾事故死亡率指标；生产安全采用万人工伤事故死亡率指标[1]。2015 年广西社会安全实现程度为 84.0%，2010～2015 年年均提高 0.3 个百分点，若要达到 100% 的目标值，2016～2020 年需年均提高 3.2 个百分点。其中，万人刑事犯罪率、万人交通事故死亡率、万人火灾事故死亡率、万人工伤事故死亡率分别控制在 5.1%、0.7%、0.02% 和 0.1% 以内。

（3）每万人口拥有律师数。指平均每万人口中拥有律师工作人员的数量，包括全职律师和兼职律师，是衡量律师行业发展状况和法律服务水平的重要指标。2015 年，广西每万人口拥有律师数为 1.34 人，实现程度仅为 58.3%，2010～2015 年年均增长 9.0%，若要达到 2.3 人的目标值，2016～2020 年需年均增长 11.4%。考虑到广西律师队伍的具体情况，建议广西 2020 年每万人口拥有律师数目标值设为 2.1 人，则 2016～2020 年需年均增长 9.4%。

三、文化建设类监测指标目标测算

文化建设就是发展教育、科学、文学艺术、新闻出版、广播电视、卫生体育、图书馆、博物馆等各项文化事业的活动。既是建设物质文明的重要条件，也是提高人民思想觉悟和道德水平的重要条件[2]。2015 年广西文化建设实现程度为 78.9%，2010～2015 年年均提高 4.9 个百分点，2016～2020 年需年均提高 4.2 个百分点。从文化建设方面的 5 项监测指标看，均需加强建设，才能达到西部小康水平。

（1）文化及相关产业增加值占 GDP 比重，指为社会公众提供文化产品和文化相关产品的生产活动的集合。我国文化及相关产业的范围包括：以文化为核心内容，为直接满足人们的精神需要而进行的创作、制造、传播、展示等文化产品（包括货物和服务）的生产活动；为实现文化产品生产所必需的辅助生产活动；

---

① 兰州市人民政府办公厅关于印发兰州市深入推进全面建成小康社会工作的实施意见的通知。
② 李燕. 关于经济欠发达地区文化建设的思考［J］. 经济学理论，2012（6）．

作为文化产品实物载体或制作（使用、传播、展示）工具的文化用品的生产活动（包括制造和销售）；以及为实现文化产品生产所需专用设备的生产活动（包括制造和销售）①。文化及相关产业增加值占 GDP 的比重反映了文化产业在整个国民经济中的发展状况。"十二五"规划建议中提出推动文化产业成为国民经济支柱性产业，该指标可以衡量文化产业的发展状况②。2015 年广西文化及相关产业增加值占 GDP 的比重为 3.2%，实现程度为 64.0%，2010～2015 年年均提高 0.2 个百分点，若要达到 5% 的目标值，2016～2020 年需年均提高 0.3 个百分点。

（2）人均公共文化财政支出，指按一定时期内平均常住人口计算的包含文化体育与传媒在内的公共文化财政支出。公共文化服务是国家及地区基本公共服务体系的重要组成部分，提供公共文化服务是政府在文化领域的重要职责。人均公共文化财政支出用于衡量国家及地区基本公共服务的总体均等化程度及发展水平。2015 年广西人均公共文化财政支出为 164.7 元，实现程度为 82.4%，2010～2015 年年均增长 18.3%，若要达到 200 元的目标值，2016～2020 年需年均增长 4.0%。

（3）有线广播电视入户率，指年末有线广播电视用户数占家庭总户数的比重。有线广播电视用户数是通过广播电视有线传输网收看电视节目的家庭用户数，包括接收模拟信号和数字信号的有线电视用户数③。有线广播电视入户率是衡量人民群众精神文明建设的重要指标。2015 年广西有线广播电视入户率为 53.8%，实现程度为 89.7%，2010～2015 年年均提高 4.5 个百分点，若要达到 60% 的目标值，2016～2020 年需年均提高 1.2 个百分点。

（4）每万人口拥有"三馆一站"公用房屋建筑面积，指年末平均每县级（乡镇级）行政区划"三馆一站"的覆盖情况。其中，"三馆一站"包括公共图书馆、博物馆、文化馆、文化站，县级区划数包括市辖区、县级市、县、自治县，乡镇级区划数包括镇、乡级、街道办事处。"三馆一站"文化建设是广大群众丰富业余文化生活，提升公民文明素养，使广大群众充分享受到文化惠民成果的重要举措。2015 年，广西每万人口拥有"三馆一站"公用房屋建筑面积为 419.7 平方米，实现程度为 93.3%，2010～2015 年年均增长 2.4%，若要达到 450 平方米的目标值，2016～2020 年需年均增长 1.4%。

（5）城乡居民文化娱乐服务支出占家庭消费支出比重，指用于文化娱乐方面的支出，包括商品和非商品支出的总和。家庭消费支出，是指调查户用于家庭日常生活的全部支出，包括食品、衣着、家庭设备用品及服务、医疗保健、交通

---

①③　兰州市人民政府办公厅关于印发兰州市深入推进全面建成小康社会工作的实施意见的通知。

②　中国统计学会，综合发展指数研究课题组．综合发展指数研究报告［N］．中国信息报，2011－07－08．

和通信、娱乐教育文化服务、居住、杂项商品和服务八大类。城乡居民文化娱乐服务支出占家庭消费支出比重是反映居民消费结构变化和居民生活质量甚至生活方式变化的一个重要指标①。2015 年广西城乡居民文化娱乐服务支出占家庭消费支出比重为 4.1%，实现程度为 68.3%，2010～2015 年年均提高 3.2 个百分点，若要达到 6% 的目标值，2016～2020 年需年均提高 7.9 个百分点。考虑到广西经济结构的具体情况，建议广西 2020 年城乡居民文化娱乐服务支出占家庭消费支出比重目标值设为 5%，则 2016～2020 年需年均增长 4%。

四、人民生活类监测指标目标测算

党的十八大报告提出，全面建成小康社会，就是实现人民生活水平全面提高，基本公共服务均等化总体实现，全民受教育程度和创新人才培养水平明显提高，进入人才强国和人力资源强国行列，教育现代化基本实现。就业更加充分。收入分配差距缩小，中等收入群体持续扩大，扶贫对象大幅减少。社会保障全民覆盖，人人享有基本医疗卫生服务，住房保障体系基本形成，社会和谐稳定②。2015 年，广西人民生活实现程度为 91.7%，2010～2015 年年均提高 4.2 个百分点，2016～2020 年需年均提高 1.7 个百分点。从人民生活方面的 14 项监测指标看，地区人均基本公共服务支出差异系数、基尼系数 2 项指标由于暂无统一数据，因此未纳入计算。失业率、恩格尔系数、城乡居民收入比、平均预期寿命和农村卫生厕所普及率 5 项指标已达小康标准，其余 7 项指标还需努力，以达到西部小康水平。

（1）城乡居民人均收入实现程度。城乡居民人均收入根据城镇居民人均可支配收入、农村居民人均可支配收入以及城乡常住人口比重加权平均计算，这是反映城乡居民收入水平的重要指标，体现了切实的民生改善。党的十八大明确提出：转变经济发展方式取得重大进展，在发展平衡性、协调性、可持续性明显增强的基础上，实现国内生产总值和城乡居民人均收入比 2010 年翻一番。2015 年，广西城乡居民人均可支配收入为 16873.4 元（现价），实现程度为 61.1%，若要实现到 2020 年比 2010 年翻一番的目标，到 2020 年城乡居民人均收入需达到 25197 元（现价），2016～2020 年年均需增长 8.4%。按 2020 年达到城镇人口比重 60%，城乡居民人均收入比 3∶1，2016～2020 年城镇居民消费价格指数（CPI）年均为 2.4%，农村居民消费价格指数（CPI）年均为 2.5% 测算，城镇人均可支配收入年均需增长 5.6%，农民人均可支配收入年均需增长 7.8%。综合以上因素考虑，2016～2020 年全区城乡居民人均收入年均增长应达到 9%（现

① 兰州市人民政府办公厅关于印发兰州市深入推进全面建成小康社会工作的实施意见的通知。
② 杨会春. 推动经济持续健康发展的战略部署［J］. 新湘评论，2013（1）.

价）、实际增长 8%（可比价）以上，才能更好地与各项目标相衔接，并明显缩小与全国水平的差距，改善人民收入水平。

（2）城乡居民家庭人均住房面积达标率。根据城镇居民家庭人均住房面积达标率和农村居民家庭人均住房面积达标率 2 项指标加权合成，是综合反映一个地区居民居住状况的重要指标。2015 年，广西城乡居民家庭人均住房面积达标率为 59.6%，已接近 60% 的目标值，2010～2015 年年均提高 2.3 个百分点，2016～2020 年需年均提高 0.1 个百分点。

（3）公共交通服务实现程度。根据城市每万人口拥有公共交通车辆（标台）和行政村客运班车通达率 2 项指标加权合成，是衡量公共交通建设水平的重要指标。2015 年，广西公共交通服务实现程度为 88.3%，2010～2015 年年均提高 2.7 个百分点，若要达到 100% 的目标值，2016～2020 年需年均提高 2.3 个百分点。其中，每万人拥有公共电（汽）车量需达到 14 辆，行政村客运班车通达率需达到 95% 以上。

（4）平均受教育年限，指一定时期全国 15 岁及以上人口人均接受学历教育（包括成人学历教育，不包括各种非学历培训）的年数，是反映人口受教育状况的总体指标，旨在体现科教兴国战略和人才强国战略的实施成果。2015 年，广西平均受教育年限为 9.7 年，实现程度为 92.4%，2010～2015 年年均增长 1.7%，若要达到 10.5 人的目标值，2016～2020 年需年均增长 1.6%。

（5）每千人口拥有执业医师数，指平均每千人口中拥有执业（助理）医师人员的数量，包括执业医师和执业助理医师。执业医师指具有《医师执业证》及其"级别"为"执业医师"且实际从事医疗、预防保健工作的人员，不包括实际从事管理工作的执业医师。执业助理医师指《医师执业证》"级别"为"执业助理医师"且实际从事医疗、预防保健工作的人员，不包括实际从事管理工作的执业助理医师，是反映社会公共医疗发展水平以及医疗服务均等化的重要指标。2015 年，广西每千人口拥有执业医师数为 1.9 人，实现程度为 97.4%，2010～2015 年年均增长 5.4%，若要达到 1.95 人的目标值，2016～2020 年需年均增长 0.5%。

（6）基本社会保险覆盖率，指已参加基本养老保险和基本医疗保险人口占政策规定应参加人口的比重。基本社会保险主要包括基本养老保险、基本医疗保险、失业保险、工伤保险和生育保险 5 项，其中基本养老保险、基本医疗保险最为重要，所以在计算基本社会保险覆盖率时只计算基本养老保险和基本医疗保险的覆盖率，是反映城乡社会保障水平的指标，体现了城乡统筹的思想。2015 年广西基本社会保险覆盖率为 85.5%，实现程度为 91.9%，2010～2015 年年均提高 4.6 个百分点，若要达到 93% 的目标值，2016～2020 年需年均提高 1.5 个百分点。其中，医疗保险覆盖率已达100%，养老保险覆盖率仅为65.5%，到2020年需达到86%以上。

（7）农村自来水普及率，指农村饮用自来水人口数占农村人口总数的百分比，是反映农村生活饮用水的卫生管理和衡量农村居民生活质量的重要指标。2015年，广西农村自来水普及率为70.3%，实现程度为93.7%，2010~2015年年均提高4.3个百分点，若要达到75%的目标值，2016~2020年需年均提高1.0个百分点。

五、资源环境类监测指标目标测算

党的十八大明确提出，资源节约型、环境友好型社会建设取得重大进展。主体功能区布局基本形成，资源循环利用体系初步建立。单位国内生产总值能源消耗和二氧化碳排放大幅下降，主要污染物排放总量显著减少。森林覆盖率提高，生态系统稳定性增强，人居环境明显改善。资源环境是健康可持续发展的基础和体现。2015年，广西资源环境实现程度为88.5%，2010~2015年年均提高3.3个百分点，2016~2020年需年均提高2.3个百分点。从资源环境方面的7项监测指标看，单位地区生产总值（GDP）二氧化碳排放量由于无统一数据，暂未纳入计算，单位地区生产总值（GDP）能耗和城市生活垃圾无害化处理率已达小康标准，继续巩固即可。其余4项指标仍需加大工作力度，以达到西部小康标准。

（1）单位GDP水耗，指在一定时期内（通常为一年），每生产万元地区生产总值（GDP）的用水总量。是反映水资源节约和利用效率的指标，反映建设节水型社会的情况。2015年，广西单位地区生产总值（GDP）水耗为190立方米/万元，实现程度仅为60.5%，2010~2015年年均下降9.1%，若要达到115立方米/万元的目标值，2016~2020年需年均下降9.6%。考虑到广西经济结构的具体情况，建议广西2020年单位地区生产总值（GDP）水耗目标值设为130立方米/万元，则2016~2020年需年均下降3.4%。

（2）单位GDP建设用地占用面积。指在一定时期内（通常为一年），每生产万元地区生产总值（GDP）所占用的建设用地面积。是反映土地资源集约、高效利用的指标，符合资源节约的要求。2015年，广西单位地区生产总值（GDP）建设用地占用面积为69.4公顷/万元，实现程度为93.7%，2010~2015年年均下降7.5%，若要达到65公顷/万元的目标值，2016~2020年需年均下降1.3%。

（3）环境质量实现程度。环境质量是包括水环境、大气环境、土壤环境、生态环境、地质环境、噪声等环境要素优劣的一个综合概念。环境质量实现程度的计算目前由水环境、大气环境、绿化等环境要素构成，环境质量实现程度包括PM2.5达标天数比例（目前暂无数据，用空气质量达到二级以上天数占全年比重代替)、地表水达标率、森林覆盖率、城市建成区绿化覆盖率,是反映环境问题治理和改善状况的重要指标,如空气、水和绿化,是人民群众直接感受到环境改善的指标。2015 年广西环境质量实现程度为 99.3%,2010~2015 年年均提高0.2 个百分点,若要达到 100% 的目标值,2016~2020 年需年均提高 0.1 个百分点。其中,到 2020 年城市空气质量达标率达到 95% 以上,地表水达标率达到90% 以上,森林覆盖率达到 23% 以上,城市建成区绿化覆盖率达到 40% 以上。

(4) 主要污染物排放强度实现程度。根据化学需氧量、二氧化硫、氨氮、氮氧化合物等主要污染物排放量 4 项指标加权合成,是反映保护环境,减排工作质量的重要指标。2015 年,广西主要污染物排放强度实现程度为 72%,2010~2015 年年均提高 7.9 个百分点,若要达到 100% 的目标值,2016~2020 年需年均提高 5.6 个百分点。其中,主要污染物排放需实现大幅下降,到 2020 年单位地区生产总值(GDP)化学需氧量排放量、单位地区生产总值(GDP)二氧化硫排放量、单位地区生产总值(GDP)氨氮排放量、单位地区生产总值(GDP)氮氧化物排放量分别控制在 27.7 吨/万元、24.6 吨/万元、2.78 吨/万元和 24 吨/万元以内。

第七章　广西实现与全国同步全面建成小康社会的对策建议

"十三五"时期是全面建成小康社会的决战时期,是广西实现跨越式发展的关键时期,为缩小广西与全国、与其他地区的差距,实现到 2020 年全面建成小康社会的奋斗目标,提出以下几点建议。

第一节　推动新常态下经济持续较快增长,努力建成更加富裕的全面小康

小康社会短板归根结底还是发展问题,经济增长是实现全面小康社会的最根本条件。必须狠抓发展第一要务不放松,保持高于全国平均水平的平稳较快发展速度。在新常态下推动经济发展,关键是培育新动力,创新驱动添活力,改革激发新活力,转型升级增效益[1]。

一、突出创新驱动,培育新的经济增长点

创新驱动是增强经济增长内生动力的源泉。创新是引领发展的第一动力,必须把创新摆在经济社会发展全局的核心位置,增强科技创新引领作用。科技研发投入不足、渠道单一,创新驱动能力不强,这是广西全面小康建设的短板。因此,要把创新驱动摆到经济社会发展全局的突出位置,以建设创新型广西为目标,以科技创新为核心,以制度创新为保障,大力推进管理创新和商业模式创新,增强驱动创新发展动力。

推动重点领域创新突破,大力实施一批重大科技专项和重大科技工程,突破

---

① 邵雷鹏. 广西实现与全国同步全面建成小康社会的对策研究 [J]. 沿海企业与科技, 2016 (3).

一批核心关键技术，研发一批重大科技产品；实施高新园区和农业科技园区提升发展工程，创建南宁、柳州、桂林国家自主创新示范区，打造创新型城市和区域性创新中心；突出企业技术创新主体地位，培育一批具有核心竞争力的创新型领军企业和科技型中小企业群①②。

推动大众创业、万众创新，打造一批"双创"示范基地，建设一批创业孵化基地和创业园区，积极发展众创、众包、众扶、众筹，培育一批众创空间。

加强创新人才队伍建设，实施院士后备人选培养、人才小高地建设提升工程，培养造就一支规模宏大、结构合理的高素质人才队伍，增强人才对创新的支撑作用。

建立健全技术创新、知识创新、科技服务创新、普惠性创新政策支持等体系，营造崇尚创业、鼓励创新的社会氛围，形成大众创业、万众创新的新局面，使创新成果转化为驱动经济增长的强大引擎。

二、全面深化改革，激发经济内在活力

更大程度地发挥市场在资源配置中的决定性作用，着力建立统一开放、竞争有序的市场体系，着力清除市场壁垒；在激活非公经济活力和创造力上下功夫，在鼓励民间投资上下功夫；在投融资体制改革、农村集体土地改革、金融改革和国有企业改革方面及时作出安排。这一系列的改革，必须从综合配套入手，我们要利用沿边金融综合改革试验区、中马"两国双园"、东兴国家重点开发开放试验区、南宁内陆开放型经济战略高地等平台建设，着力推动北部湾经济区综合配套改革先行先试。新的增长点不是政府规划的结果、不是政府实现的，而是市场竞争形成的结果，只要给市场机会，只要给民众机会，新的增长点一定会出现。

"十三五"时期，必须把实施产业转型升级战略摆在更突出位置，既做大产业规模，又做优产业结构，培育产业竞争新优势。加快改造提升食品、汽车、冶金、石化、机械、建材等传统产业。大力发展先进装备制造、生物医药、新材料、新能源、节能环保、下一代信息网络、新能源汽车、生物农药、海洋产业、通用航空等战略性新兴产业。加快转变农业增长方式，积极发展现代农业。要结合结构调整和转型升级，着力提高广西第三产业比重，加快结构转变，这是广西的薄弱点，也是广西"十三五"时期发展的重中之重。加快发展现代服务业，加快发展生产性服务业，改造提升生活性服务业，加快培育新型业态，抓好服务

---

① 陈武. 政府工作报告（摘要）［N］. 广西日报，2016－01－25.

② 广西壮族自治区人民政府关于落实2016年政府工作报告重点工作部门分工的通知［N］. 广西壮族自治区人民政府公报，2016－03－30.

业聚集区建设，出台一批含金量高的政策措施①。要加快建设信息广西，深入实施"宽带广西"战略，加快新一代信息技术与经济社会发展深度融合，推动经济社会发展进入信息时代②。

三、推进新型城镇化建设，释放最大内需

城镇化是解决我国城乡差距的根本途径，是我国当前阶段最大的内需所在，也是全面建成小康社会的必然要求。推动 2015 年政府工作报告提出的"解决三个 1 亿"措施的落实，发挥好城镇化对全面建设小康社会、对现代化建设的支撑作用。城镇化建设要坚持以人为本，用改革的办法解决城镇化难点问题，抓紧实施户籍制度改革，落实放宽户籍迁移政策，建立财政转移支付与市民化挂钩机制，合理负担农民工市民化成本。

加强资金和政策支持，扩大新型城镇化综合试点，大力进行城镇的产业化建设，以产业带动城镇人口的有效增加，让农民既能够"进得来"城市，也能够在城市"立得稳""过得好"。继续实施大县城战略，坚持扩容提质和凸显特色并重，提升基础设施公共服务水平，围绕各地区重点产业，加快推进"产城融合、以产兴城、以城聚产"的新型城镇化进程。统筹大中小城市和小城镇协调发展，提升城镇化规划建设水平，优化城市空间结构和管理格局，增强城市综合承载能力。城镇经济实力提升，会进一步增强以工促农、以城带乡能力，加快农村经济社会发展③。

四、完善基础设施建设，增强发展新支撑

完善的城市基础设施是城市扩张、功能提升的重要载体和支撑，也是推动经济保持较快发展和优化改善民生的重要途径。在实施国家"一带一路"等系列重大战略的新形势下，必须加快完善以交通、能源、水利、信息为重点的基础设施建设，提升基础设施利用效率和互联互通水平，完善提升城市功能，增强城市投资吸引力，支撑经济社会持续快速发展。发挥交通运输对广西产业布局、城镇发展和对外联络的重要作用，统筹规划构建公路、铁路、水运、航空、管道五位一体的现代综合运输网络，打造面向连接东盟和国内重要区域、多种交通运输方式无缝衔接的高效综合交通体系。

---

①③ 邵雷鹏．广西实现与全国同步全面建成小康社会的对策研究［J］．沿海企业与科技，2016（3）.
② 中共中央关于制定国民经济和社会发展第十三个五年规划的建议［N］．人民日报，2015 – 11 – 04.

第二节　加快推动城乡居民收入实现倍增，努力建成更加普惠的全面小康

立国之道，唯在富民。要以增进民生福祉为目的，加快发展社会事业，提高文化软实力，丰富人民群众精神文化生活，改革完善收入分配制度，千方百计增加居民收入，促进社会公平正义与和谐。这是全面建成小康社会的重要内容和根本。

一、以着力改善民生为根本出发点

全面建设小康社会，必须要以解决人民最关心最直接最现实的利益问题为落脚点。

一是强化政府公共服务等职责，持续增加财政人均基本公共服务支出。

二是把扩大就业摆在更加突出的位置，实施更加积极的就业政策，建立健全政策扶持、创业服务与培训相结合的工作机制，以创业带动就业，千方百计扩大就业机会。

三是全面推进社会保障制度建设，加强社会保险、社会救助、社会福利等制度的相互衔接，加快实现基本养老、基本医疗保险统筹升级，制定出台社会保险关系跨区域转移接续办法，提高新型农村合作医疗保障水平①。继续完善保障性住房制度，多渠道解决城市中低收入家庭住房困难。鼓励发展社会办医，促进医疗养老结合，扶持中医药和壮瑶医药事业做大做强②。

二、努力增加居民工资和财产性收入

深化收入分配制度改革，努力实现居民收入增长与经济发展同步，劳动报酬增长与劳动生产率增长同步，让市民能够享受到改革发展成果。着力健全完善职工工资正常增长机制，多渠道促进农民增收，增强居民消费能力。全面落实最低工资保障制度。广西目前一类地区月最低工资标准为 1200 元，与四川、西藏、甘肃三地并列在全国排位第 24 位，排名比较靠后。建议全面落实国家《最低工资规定》的要求，尽快提高广西的最低工资标准，确保低收入职工工资水平随经济发展而提高。

---

① 邵雷鹏. 广西实现与全国同步全面建成小康社会的对策研究［J］. 沿海企业与科技, 2016 (3).
② 广西壮族自治区国民经济和社会发展第十三个五年规划纲要［N］. 广西日报, 2016 – 06 – 05.

完善创业服务体系，推动经营性收入加快增长，继续实施创业优惠政策，扶持劳动者自主创业，实现创业促就业增收入的倍增效应。优先扶持中小微企业，进一步完善促进中小微企业的各项扶持政策措施，在税收、财政补贴、场地安排、融资政策等方面加大扶持，改善企业的创新创业的环境。加大本地非农务工的指导，鼓励指导农民工返乡创业，增加农民工工资性收入。

加大政府财政投入力度，不断增加转移性收入；鼓励民间资金进入直接融资领域，鼓励个人投资多种理财产品，多渠道增加居民财产性收入。

三、以精准扶贫推动贫困地区脱贫致富

目前，离全面建成小康社会仅有 5 年左右时间，但广西仍有 538 万人口处于贫困线以下，扶贫攻坚时间紧、任务重、压力大。

要实施精准扶贫、精准脱贫，因人因地施策，提高扶贫实效。分类扶持贫困家庭，对有劳动能力的支持发展特色产业和转移就业，对"一方水土养不起一方人"的实施扶贫搬迁，对生态特别重要和脆弱的实行生态保护扶贫，对丧失劳动能力的实施兜底性保障政策，对因病致贫的提供医疗救助保障。

要实行低保政策和扶贫政策衔接，对贫困人口应保尽保。

要扩大贫困地区基础设施覆盖面，因地制宜解决通路、通水、通电、通网络等问题。

对在贫困地区开发水电、矿产资源占用集体土地的，试行给原住居民集体股权方式进行补偿，探索对贫困人口实行资产收益扶持制度。

要提高贫困地区基础教育质量和医疗服务水平，推进贫困地区基本公共服务均等化。

建立健全农村留守儿童和妇女、老人关爱服务体系。

要实行脱贫工作责任制。进一步完善自治区负总责、市（地）县抓落实的工作机制。强化脱贫工作责任考核，对贫困县重点考核脱贫成效。

加大自治区级财政扶贫投入，发挥政策性金融和商业性金融的互补作用，整合各类扶贫资源，开辟新的资金渠道。

健全党政机关、部队、人民团体、国有企业定点扶贫机制，激励各类企业、社会组织、个人自愿采取包干方式参与扶贫。把革命老区、民族地区、集中连片贫困地区作为脱贫攻坚重点。

对生存条件恶劣、生态环境脆弱地区、扶贫成本极高的贫困群众，要尽早实施搬迁脱贫。要加强教育、就业、社保、医疗卫生等基本公共服务，帮助贫困地区提高身体素质、文化素质、就业能力，努力阻止因病致贫、因病返贫。要啃下

脱贫致富这块硬骨头，确保贫困人口在全面建成小康社会中不掉队[1][2]。

四、着力加强农村地区小康社会建设进程

习近平总书记多次指出："小康不小康，关键看老乡。"中国要强，农业必须强；中国要美，农村必须美；中国要富，农民必须富。农业基础稳固，农村和谐稳定，农民安居乐业，整个大局就有保障，各项工作都会比较主动。目前，农业还是"四化同步"的短腿，农村还是全面建成小康社会的短板。农村的小康建设是全面小康建设的重点和难点所在，没有农村的小康就没有全国的小康，因此，要坚持把解决好"三农"问题作为全部工作的重中之重。

"小康不小康，关键看老乡"，关键在于"看"。既要看到差距，又要看到潜力，要以农民增收为主线，推进农业和农村经济结构的战略性调整，把农业发展的重点转移到提高质量和效益上。

要在稳定粮食生产、确保粮食安全的前提下，以市场为导向，以科技为依托，以政策为保障，大力发展优质、高产、高效、生态、安全农业。

要坚持工业反哺农业、城市支持农村和多予少取放活方针，不断加大强农惠农富农政策力度，始终把"三农"工作牢牢抓住、紧紧抓好，以扎实的工作作风，把各项工作措施部署到位，把党的支农惠农政策落实到位，让人民群众满意。特别是优质、高效农业，离不开农民增收、素质提高、发展理念转变。因此，必须倾力推进科技兴农，知识富农，理念强农。这样"看老乡"，我们的新农村就不只是希望的田野，更是民富的乐园。

第三节　以全面推进生态经济发展为契机，努力建成更加美丽的全面小康

优美的自然生态环境是广西的突出优势、亮丽名片和宝贵财富。必须以生态经济为抓手，坚持产业生态化、生态产业化、生活低碳化，推动绿色、低碳循环发展，构建生态经济发达、资源高效利用、环境舒适宜居、制度健全完善的生态文明体系[3]。随着工业化、城镇化进程的加快，广西生态环境面临质量下降，资

① 邵雷鹏. 广西实现与全国同步全面建成小康社会的对策研究［J］. 沿海企业与科技，2016（3）.
② 中共中央关于制定国民经济和社会发展第十三个五年规划的建议［N］. 人民日报，2015 – 11 –04.
③ 陈武. 政府工作报告［N］. 广西日报，2016 – 02 – 01.

源环境约束趋紧等严峻问题，推进生态文明建设是全面建成小康社会的内在要求。

一、以主体功能落实推动生态经济发展

森林草原、江河湿地是大自然赐予人类的绿色财富，必须倍加珍惜。按照主体功能区定位推动发展，是增强广西及各市（县、区）整体竞争能力和可持续发展能力的重要基础。规范开发秩序，引导人口、经济向适宜开发的区域集聚，保护农业和生态发展空间，构建集约、协调、可持续的国土空间开发格局。

落实和推进主体功能区差异化考核机制。根据中央关于加快推进生态文明建设文件精神和全区生态经济工作会议具体部署，围绕"产业生态化、生态产业化"的思路，推进林业生态经济、生态农业、生态旅游，构建新型生态产业体系。严格划定生态红线，落实生态空间用途管控，绝不走"先污染后治理"的老路。生态保护必须抓紧不松劲，实现广西蓝天常在、绿水长流，永续发展[1]。

二、坚决打好节能减排和环境治理攻坚战

环境污染是民生之患、民生之痛，要铁腕治理。到 2020 年，单位 GDP 能耗要降至 0.65 吨标准煤/万元以下（2010 年不变价），单位 GDP 二氧化碳排放量要降至 2.5 吨/万元以下（2010 年不变价）。必须深入实施大气污染防治行动计划，实行区域联防联控，推动燃煤电厂超低排放改造，保证重点区域煤炭消费零增长[2]。推广新能源汽车，治理机动车尾气，提高油品标准和质量。积极应对气候变化，扩大碳排放弃权交易试点。

实施水污染防治行动计划，加强江河湖海水污染、水污染源和农业面源污染治理，实施从水源地到水龙头全过程监管。要严格环保执法，对偷排偷放者出重拳，让其付出沉重的代价。积极回应社会关切，切实提高群众对环境改善的感受度[3]。

三、进一步提升全区生态文明建设水平

随着工业化、城镇化进程的加快，广西面临生态环境质量下降，资源环境约束趋紧等严峻问题。推进生态文明建设是全面建成小康社会的内在要求。完善的制度体系是推进生态文明建设的根本保障。进一步完善生态文明建设的管理体制，逐步推进耕地和水资源管理、生态红线管理、环境保护责任追究、环境损害赔偿制度等制度建设。强化价格引导和税费调节，建立生态补偿、资源有偿使

---

①②③　邵雷鹏. 广西实现与全国同步全面建成小康社会的对策研究［J］. 沿海企业与科技，2016 (3).

用、排放排污权交易等有利于生态文明发展的财税制度，形成有利于资源节约和环境保护的制度安排和利益导向①。

四、积极打造节能环保的新兴产业发展

资源的利用，关乎发展与民生。要大力发展风电、光伏发电、生物质能，积极发展水电，安全发展核电，开发利用页岩气、煤层气。控制能源消费总量，加强工业、交通、建筑等重点领域节能。积极发展循环经济，大力推进工业废物和生活垃圾资源化利用。有序发展资源环境可承载的适宜产业、特色经济。使生态建设与经济建设同步推进，生态效益与经济效益同步提高、生态竞争力与产业竞争力同步提升、生态文明与物质文明同步建设。

第四节　大力推进文化产业大繁荣大发展，努力建成更加幸福的全面小康

一、促进群众喜爱的文化事业繁荣发展

文化是民族的精神命脉和创造源泉。必须要大力发展文化事业，让人民群众享有更多文化发展成果。积极创建国家公共文化服务体系示范区，加快实施重大文化产业项目带动，培育文化企业和文化品牌，提高文化产业规模化、集约化、专业化水平。力争到 2020 年文化产业增加值占 GDP 比重达到 5%，人均公共文化财政支出达到 150 元②。

加快实施重点文化惠民工程和重大公共文化设施，建立网络健全、惠及全民的公共文化服务体系，基本实现公共文化服务均等化，保障人民群众基本文化权益。大力发展广播影视、新闻出版、文学书画、演艺戏剧等文化事业。推动文化体制机制改革创新，深化公益性文化事业单位改革，创新公共文化服务运行机制。加强文化作品创作生产，创新文艺精品创作生产机制，推出一批具有影响力、感召力的文艺作品。

二、打造一批具有壮乡特色的文化品牌

一是着力打造壮乡风格的文化产业品牌。在文化景观资源、自然资源丰富的

---

①② 邵雷鹏. 广西实现与全国同步全面建成小康社会的对策研究［J］. 沿海企业与科技，2016 (3).

地方，着力打造像桂林山水式样的文化旅游品牌；在人文风情资源浓厚的地方，着力打造像南宁国际民歌艺术节、壮族"三月三"歌节和瑶族盘王节等式样的民俗文化品牌；在文化艺术资源丰富的地方，着力打造像靖西绣球式样的民族文化艺术品牌等。

二是加大对特色文化的开发整合力度。运用市场和政府的双重力量，促进广西特色文化与工业、农业、旅游业、演艺业等相关产业的融合发展，按照规模化、集约化要求，发展以特色文化资源为主要开发对象和产业链长、产品链多的文化产业园区和文化产业集聚区。

三是推进广西各具特色的文化产业区域发展布局。突出北部湾经济区海洋文化、开放文化，桂西经济区红色文化、生态文化，西江经济带民族文化、山水文化的特点，依托南宁、桂林、柳州、百色和北海等中心文化城市，找准切入点，因地制宜，形成特色鲜明、互为支撑的具有壮乡风格的文化产业区域发展格局。此外，还可以通过促进创意文化与特色民族文化的融合，打造像"印象·刘三姐"式样的民族文化创意品牌①。

三、着力促进文化产业做大做强创新发展

以大项目带动形成大产业，建设一批文化产业园区和文化基地，促进文化产业集聚发展，培育一批骨干文化企业和文化品牌，形成具有特色的城市发展支撑和城市竞争力。加快发展演艺娱乐、文化旅游、会展节庆、影视广告、动漫游戏、工艺美术、出版印刷、体育健身等文化产业，加快发展数字文化、网络文化等新兴文化业态。推动传统媒体与新兴媒体融合发展，促进文化创意和设计服务与相关产业深度融合发展。培育文化消费热点，改善文化消费条件，降低文化消费门槛，使文化消费覆盖全社会各阶层各领域②。

四、提高公民文明素质促进人的全面发展

坚持邓小平理论、"三个代表"重要思想、科学发展观和习近平总书记系列重要讲话精神，用中国梦和社会主义核心价值观凝聚共识、汇聚力量③。经常性地深入开展爱国主义、集体主义、社会主义教育，倡导科学精神、时代精神和广西精神，加强思想道德和社会诚信建设，增强国家意识、法治意识、社会责任意识。加强社会公德、职业道德、家庭美德、个人品德教育，弘扬中华传统美德，普及科学知识，提高公民道德素质和科学素养。

---

①② 邵雷鹏. 广西实现与全国同步全面建成小康社会的对策研究［J］. 沿海企业与科技, 2016 (3).

③ 中共中央关于制定国民经济和社会发展第十三个五年规划的建议［N］. 人民日报, 2015 – 11 – 04.

加强文明城市、文明村镇、文明单位、文明家庭等精神文明创建，形成积极向上的精神追求和健康文明的生活风尚。加强网络思想文化阵地建设，发展健康的网络文化，向青少年传导正确价值取向。推动志愿服务制度化、规范化、常态化。繁荣发展哲学社会科学，加强特色新型智库建设，争取培育一批高端智库①。

第五节　积极深入实施开放带动发展战略，努力建成更加开放的全面小康

开放蕴含着广西最大的发展红利，开放活了广西的发展就能活起来②。广西要实现与全国同步全面建成小康社会的奋斗目标，需要在更大范围、更宽领域、更深层次上提高开放型经济水平，给广西经济源源不断地注入新的活力和动力③。

一、着力提升打造合作平台

"十三五"时期，广西要以"三大定位"为统领，以开放为先导，构建面向东盟、衔接欧美日韩、对接港澳台、服务西南中南全方位开放合作新格局。必须抓住"一带一路"建设和打造中国—东盟自由贸易区升级版等重大机遇，切实做好对外开放这篇大文章，实施更加积极主动的开放政策，构筑沿海沿江沿边全方位对外开放的平台，加快形成面向国内国际的合作开放新格局，着力构建面向东盟、对接港澳，多元发展、更有活力的开放型经济新体系④。

围绕建设重要门户，构建衔接"一带一路"的重要枢纽、产业合作基地、开放合作平台、人文交流纽带和区域金融中心，加快建设中国（北部湾）自由贸易试验区，推进泛北部湾经济合作机制、中国—中南半岛国际经济合作走廊、重点开发开放试验区、跨境（边境）经济合作区、国际合作园区等建设⑤⑥。继续办好中国—东盟博览会、商务与投资峰会，加强泛北部湾经济合作论坛总体设计，加快建设东兴国家重点开发开放试验区、南宁国家内陆开放型经济战略高地。

①　广西壮族自治区国民经济和社会发展第十三个五年规划纲要［N］.广西日报，2016－06－05.

②⑤　陈武.政府工作报告［N］.广西日报，2016－02－01.

③④　邵雷鹏.广西实现与全国同步全面建成小康社会的对策研究［J］.沿海企业与科技，2016（3）.

⑥　广西壮族自治区人民政府关于落实2016年"政府工作报告"重点工作部门分工的通知［N］.广西壮族自治区人民政府公报，2016－03－30.

二、着力加快互联互通发展

围绕建设国际通道，抓住关键通道、关键节点和重点工程，促进互联互通，形成内畅外通、便捷高效的"一中心一枢纽五通道五网络"综合交通运输体系①。"十三五"期间，广西要在互联互通方面"狠下功夫"。以北部湾区域性国际航运中心为依托，面向东盟及21世纪海上丝绸之路国家，建设海上东盟通道。

陆路方面，广西要以南宁为枢纽，重点建设南宁至贵阳、重庆、成都、西安、兰州、乌鲁木齐等国内城市，连接丝绸之路经济带的北上通道；南宁至越南、老挝、柬埔寨、泰国、马来西亚、新加坡等中南半岛国家，连接海上丝绸之路的南下通道②。特别是加强与越南重要路网口岸的对接，畅通"瓶颈"路段，从而推动形成衔接"一带一路"的南北陆路新通道。

广西工业重镇柳州，则将成为拓展渝新欧国际班列延伸的重要节点，推动形成衔接丝绸之路经济带与珠江—西江经济带和港澳地区的粤桂渝新欧国际大通道③。

三、着力参与和推进次区域合作

围绕建设战略支点，完善交通、产业、开放、金融、城镇、生态等支撑体系，深度融入泛珠三角经济圈④。推动跨省区产业合作发展，支持梧州、贺州等桂东地区融入珠三角经济圈。建设高铁经济带，增强服务西南中南开放发展的能力。大力推进泛北部湾合作和南宁—新加坡经济走廊建设，积极参与大湄公河、中越"两廊一圈"合作，全面拓展与东盟的"海路合作"⑤。

四、着力转变对外经济发展方式

围绕全面提升开放型经济水平，转变对外经济发展方式，适当降低外贸依存度，提升消费拉动增长的作用。大力发展一般贸易和服务贸易，加快发展加工贸易，推动边境贸易转型升级，促进新型贸易方式发展，提升利用外资水平，加快实施"走出去"。积极降低对外技术依存度，提升自主创新能力，打造开放型经济发展高地。

---

①④　陈武. 政府工作报告［N］. 广西日报，2016 – 02 – 01.

②③　广西壮族自治区国民经济和社会发展第十三个五年规划纲要［N］. 广西日报，2016 – 06 – 05.

⑤　邵雷鹏. 广西实现与全国同步全面建成小康社会的对策研究［J］. 沿海企业与科技，2016（3）.

第六节　建立健全协调以及监督考核机制，努力建成更加规范的全面小康

一、健全党的总揽全局协调各方机制①

充分发挥各级党委（党组）领导核心作用，切实提高新常态下应对风险挑战、领导经济社会发展的能力和水平。充分发挥基层党组织战斗堡垒作用和共产党员先锋模范作用，密切党群干群关系，调动广大基层干部干事创业的积极性②。落实"三严三实"要求，确保全面从严治党落到实处，为广西与全国同步建成小康社会实施营造良好的政治生态和发展环境。

二、建立分类指导机制指导各地工作

建议参照国家做法，根据广西各地经济发展、区域功能定位和全面小康进程等实际情况，建议将广西全面建成小康社会划分为若干个区域板块进行差异化统计监测。与此相结合，应加强对若干个区域板块的分类指导，因地制宜，明确各自发展重点、目标任务和时间进度，把推动区域经济社会协调发展与全面小康建设统一起来，把实施国家和自治区重大战略与各区域小康社会建设统一起来，把对区域和县区的指导统一起来，推进全面建成小康社会的各项政策措施和责任更好地对接区域板块、对接县区，更好地调动县区的积极性③。

三、建立跟踪监测机制和考核评价体系

动态跟踪广西和各市（县、区）全面建成小康社会进展，认真分析各项指标的实现程度以及各市总体进展情况，加强全面建成小康社会统计监测工作，强化跟踪监测力度，在全面掌握信息的基础上，有针对性地"扬长补短"。同时建立考核评价机制，按照建设水平与发展速度相统一、可行性与科学性相统一的原则，制定全面建成小康社会工作考评体系，将全面建成小康社会的阶段性目标、任务分解到各级各部门，将小康社会建设作为政府绩效考核的重要内容，对各级

① 中共中央关于制定国民经济和社会发展第十三个五年规划的建议［N］. 人民日报，2015 – 11 – 04.
② 广西壮族自治区国民经济和社会发展第十三个五年规划纲要［N］. 广西日报，2016 – 06 – 05.
③ 邵雷鹏. 广西实现与全国同步全面建成小康社会的对策研究［J］. 沿海企业与科技，2016（3）.

党政领导班子实施综合考评①。

四、建立社会协同全民参与的良好氛围

按照不同领域、不同地域特征，切实加强农村基层党建，实现党的基层组织建设全覆盖，使之成为推动发展、服务群众、凝聚人心、促进和谐的坚强战斗堡垒，促进全体党员干部成为全面建设小康社会的参与者和带头人。鼓励工商企业等自觉参与同步小康创建活动，充分发挥基层各类组织协同作用，引导和支持各行业协会、公益慈善组织、社会团体等社会组织及社会各界，充分发挥自身优势，积极参与同步小康创建活动②。

---

①② 邵雷鹏．广西实现与全国同步全面建成小康社会的对策研究［J］．沿海企业与科技，2016（3）．

附　录

<h1 style="text-align:center;">附件 1：全面建成小康社会统计监测指标体系</h1>

　　全面建成小康社会统计监测指标体系，是分析评价小康社会建设进程的衡量标准，近年来随着中央关于全面建成小康社会目标内涵的丰富完善而逐步调整。2013 年，国家统计局按照中国共产党第十八次全国代表大会报告提出的新目标要求，对 2007 年的全面建设小康社会统计监测指标体系进行了修改完善，提出了新的全面建成小康社会统计监测指标体系。

一、指标体系框架

　　指标体系框架由经济发展、民主法治、文化建设、人民生活和资源环境五大类 39 项指标组成（注：每万名公务人员检察机关立案人数、地区人均基本公共服务支出差异系数、基尼系数、单位 GDP 二氧化碳排放量 4 项指标由于暂无统一数据，按国家统计局规定未纳入计算，即目前只按 35 项指标进行计算）。这套指标体系充分体现党的十八大提出的经济、政治、文化、社会、生态文明建设"五位一体"战略布局。其中经济发展类指标 9 项、目标权重为 22%；民主法制类指标 4 项、目标权重为 14%；文化建设类指标 5 项、目标权重为 14%；人民生活类指标 14 项，目标权重为 28%；资源环境类指标 7 项、目标权重为 22%。国家统计局全面建成小康社会统计监测指标体系考虑到各地区资源禀赋、地理人口、发展基础等差异，设计了两套监测方案。其中，一套为统一目标值方案，用来对全国全面建成小康社会进程进行统计监测；另一套为差异化目标值方案，把 31 个省区市按东、中、西部地区在部分目标值设置上有所区别。广西属于西部地区，采用西部目标值方案进行监测。

1. 全国统一标准方案（全国及各地区统一目标值）

类型	具体指标	目标值（2020 年）	权重
经济发展	A1. 人均 GDP（2010 年不变价）（元）	≥57000	4
	A2. 第三产业增加值占 GDP 比重（%）	≥47	2
	A3. 居民消费支出占 GDP 比重（%）	≥36	2.5
	A4. R&D 经费支出占 GDP 比重（%）	≥2.5	1.5
	A5. 每万人口发明专利拥有量（人）	≥3.5	1.5
	A6. 工业劳动生产率（%）	≥12	2.5
	A7. 互联网普及率（%）	≥50	2.5
	A8. 城镇人口比重（%）	≥60	3
	A9. 农业劳动生产率（万元/人）	≥2	2.5
民主法治	B1. 基层民主参选率（%）	≥95	3.5
	B2. 每万名公务人员检察机关立案人数（人）	≤8	3.5
	B3. 社会安全实现程度（人）	=100	4
	B4. 每万人口拥有律师数（人）	≥2.3	3
文化建设	C1. 文化及相关产业增加值占 GDP 比重（%）	≥5	3
	C2. 人均公共文化财政支出（元）	≥200	2.5
	C3. 有线广播电视入户率（%）	≥60	3
	C4. 每万人口拥有"三馆一站"公用房屋建筑面积（平方米）	≥450	2.5
	C5. 城乡居民文化娱乐服务支出占家庭消费支出比重（%）	≥4.2	3
人民生活	D1. 城乡居民人均收入（2010 年不变价）（元）	≥25000	4
	D2. 地区人均基本公共服务支出差异系数（%）	≤60	1.5
	D3. 失业率（%）	≤6	2
	D4. 恩格尔系数（%）	≤40	2
	D5. 基尼系数	0.3~0.4	1.5
	D6. 城乡居民收入比（以农为1）	≤2.8	1.5
	D7. 城乡居民家庭人均住房面积达标率（%）	≥60	2
	D8. 公共交通服务实现程度（%）	=100	2
	D9. 平均预期寿命（岁）	≥76	2
	D10. 平均受教育年限（年）	≥10.5	2
	D11. 每千人口拥有执业医师数（人）	≥1.95	1.5

续表

类型	具体指标	目标值（2020 年）	权重
人民生活	D12. 基本社会保险覆盖率（％）	≥95	3
	D13. 农村自来水普及率（％）	≥80	1.5
	D14. 农村卫生厕所普及率（％）	≥75	1.5
资源环境	E1. 单位 GDP 能耗（2010 年不变价）（吨标准煤/万元）	≤0.6	3
	E2. 单位 GDP 水耗（2010 年不变价）（立方米/万元）	≤110	3
	E3. 单位 GDP 建设用地占用面积(2010 年不变价)(公顷/亿元)	≤60	3
	E4. 单位 GDP 二氧化碳排放量（2010 年不变价）（吨/万元）	≤2.5	2
	E5. 环境质量实现程度（％）	=100	4
	E6. 主要污染物排放强度实现程度（％）	=100	4
	E7. 城市生活垃圾无害化处理率（％）	≥85	3

注：①复合指标环境质量指数中的 PM2.5 达标天数比例暂无数据，用城市空气质量达到二级以上天数占全年比重代替。②各地区单位 GDP 二氧化碳排放量、基尼系数、每万名公务人员检察机关立案人数、人均基本公共服务支出差异系数数据无法取得，未纳入计算。

2. 西部地区差异化评价方案（西部目标值）

类型	具体指标	目标值（2020 年）	权重
经济发展	A1. GDP 实现程度（2010 年 = 100）	≥200	4.0
	A2. 第三产业增加值占 GDP 比重（％）	≥45	2.0
	A3. 居民消费支出占 GDP 比重（％）	≥36	2.5
	A4. R&D 经费支出占 GDP 比重（％）	≥2.2	1.5
	A5. 每万人口发明专利拥有量（人）	≥3.0	1.5
	A6. 工业劳动生产率（％）	≥12	2.5
	A7. 互联网普及率（％）	≥45	2.5
	A8. 城镇人口比重（％）	≥55	3.0
	A9. 农业劳动生产率（万元/人）	≥2	2.5
民主法治	B1. 基层民主参选率（％）	≥95	3.5
	B2. 每万名公务人员检察机关立案人数（人）	≤8	3.5
	B3. 社会安全实现程度（人）	=100	4.0
	B4. 每万人口拥有律师数（人）	≥2.3	3.0

续表

类型	具体指标	目标值（2020 年）	权重
文化建设	C1. 文化及相关产业增加值占 GDP 比重（%）	≥5	3.0
	C2. 人均公共文化财政支出（元）	≥200	2.5
	C3. 有线广播电视入户率（%）	≥60	3.0
	C4. 每万人口拥有"三馆一站"公用房屋建筑面积（%）	≥450	2.5
	C5. 城乡居民文化娱乐服务支出占家庭消费支出比重（%）	≥6.0	3.0
人民生活	D1. 城乡居民人均收入实现程度（2010 年 = 100）	≥200	4.0
	D2. 地区人均基本公共服务支出差异系数（%）	≤40	1.5
	D3. 失业率（%）	≤6	2.0
	D4. 恩格尔系数（%）	≤40	2.0
	D5. 基尼系数	≤0.4	1.5
	D6. 城乡居民收入比（以农为 1）	≤3.0	3.0
	D7. 城乡居民家庭人均住房面积达标率（%）	≥60	2.0
	D8. 公共交通服务实现程度（%）	= 100	2.0
	D9. 平均预期寿命（岁）	≥76	2.0
	D10. 平均受教育年限（年）	≥10.5	2.0
	D11. 每千人口拥有执业医师数（人）	≥1.95	1.5
	D12. 基本社会保险覆盖率（%）	≥93	3.0
	D13. 农村自来水普及率（%）	≥75	1.5
	D14. 农村卫生厕所普及率（%）	≥70	1.5
资源环境	E1. 单位 GDP 能耗（2010 年不变价）（吨标准煤/万元）	≤0.65	3.0
	E2. 单位 GDP 水耗（2010 年不变价）（立方米/万元）	≤115	3.0
	E3. 单位 GDP 建设用地占用面积（2010 年不变价）（公顷/亿元）	≤65	3.0
	E4. 单位 GDP 二氧化碳排放量（2010 年不变价）（吨/万元）	≤2.5	2.0
	E5. 环境质量实现程度（%）	= 100	4.0
	E6. 主要污染物排放强度实现程度（%）	= 100	4.0
	E7. 城市生活垃圾无害化处理率（%）	≥80	3.0

注：①西部地区包括：内蒙古、广西、重庆、四川、贵州、云南、西藏、陕西、甘肃、青海、宁夏、新疆 12 个省（区、市）。②复合指标环境质量指数中的 PM2.5 达标天数比例暂无数据，用城市空气质量达到二级以上天数占全年比重代替。③各地区单位 GDP 二氧化碳排放量、基尼系数、每万名公务人员检察机关立案人数、人均基本公共服务支出差异系数数据无法取得，未纳入计算。

二、评价方法

（一）单指标评价方法

1. 正指标

正指标共有 29 个，即人均 GDP、第三产业增加值占 GDP 比重、居民消费支出占 GDP 比重、R&D 经费支出占 GDP 比重、每万人口发明专利拥有量、工业劳动生产率、互联网普及率、城镇人口比重、农业劳动生产率、基层民主参选率、社会安全实现程度、每万人口拥有律师数、文化产业增加值占 GDP 比重、人均公共文化财政支出、有线广播电视入户率、"三馆一站"覆盖率、城乡居民文化娱乐服务支出占家庭消费支出比重、城乡居民人均收入、城乡居民家庭住房面积达标率、公共交通服务实现程度、平均预期寿命、平均受教育年限、每千人口拥有执业医师数、基本社会保险覆盖率、农村自来水普及率、农村卫生厕所普及率、环境质量实现程度、主要污染物排放强度实现程度、城市生活垃圾无害化处理率。计算公式：

$$z_i = \frac{x_i}{x_{i1}} \times 100\% \quad (\text{若} \frac{x_i}{x_{i1}} > 100\%,\ \text{取}\ z_i = 100\%)$$

式中，z_i 为 x_i 的实现程度，x_i 为实际值，x_{i1} 为标准值。

2. 逆指标

逆指标共有 6 个，即每万名公务人员检察机关立案人数、恩格尔系数、单位 GDP 能耗、单位 GDP 水耗、单位 GDP 建设用地占用面积、单位 GDP 二氧化碳排放量。计算公式：

$$z_i = \frac{1}{x_i} \Big/ \frac{1}{x_{i1}} \times 100\% = \frac{x_{i1}}{x_i} \times 100\% \quad (\text{若} \frac{x_{i1}}{x_i} > 100\%,\ \text{取}\ z_i = 100\%)$$

式中，z_i 为 x_i 的无量纲化值，x_i 为实际值，x_{i1} 为目标值（标准值）。

3. 区间指标

区间指标共有 4 个，即地区人均基本公共服务支出差异系数、失业率、基尼系数、城乡居民收入比。每个指标无量纲化方法如下：

$$z_i = \begin{cases} 0, & \text{如果}\ x_i \notin [m_1, m_2] \\ \left[-\dfrac{1}{(q_1 - m_1)^2} x^2 + \dfrac{2q_1}{(q_1 - m_1)^2} x + \dfrac{m_1^2 - 2q_1 m_1}{(q_1 - m_1)^2} \right] \times 100\%, & \text{如果}\ x_i \in [m_1, q_1] \\ 100\%, & \text{如果}\ x_i \in [q_1, q_2] \\ \left[-\dfrac{1}{(q_2 - m_2)^2} x^2 + \dfrac{2q_2}{(q_2 - m_2)^2} x + \dfrac{m_2^2 - 2q_2 m_2}{(q_2 - m_2)^2} \right] \times 100\%, & \text{如果}\ x_i \in [q_2, m_2] \end{cases}$$

式中，z_i 为 x_i 的实现程度，x_i 为实际值，$[q_1, q_2]$ 为指标 x_i 的目标区间值，

m_1、m_2 为指标 x_i 的一个允许上、下界限值。每个区间指标的具体目标区间值，允许上、下界限值如下[①]：

失业率：目标区间为 [3，6]，允许下界限值为 0，允许上界限值为 8。

城乡居民收入比：目标区间为 [1，2.8]，允许下界限值为 1，允许上界限值为 4。

（二）多指标综合评价方法

"全面建成小康社会统计监测指标体系"由经济发展、民主法治、文化建设、人民生活、资源环境 5 个方面（或子目标）构成，各子目标或全面建成小康社会实现程度计算公式如下：

（1）全面建成小康社会实现程度计算公式为：

$$F = \sum_{i=1}^{31} w_i z_i$$

（2）子目标实现程度计算公式为：

$$F_j = \sum_{i=m_j}^{n_j} w_i z_i / \sum_{i=m_j}^{n_j} w_i$$

式中，z_i 为 x_i 的实现程度，x_i 为实际值，w_i 为指标 x_i 的权数，计算时需要将百分数换成小数，F_j 为第 j 个子目标的实现程度，m_j 为第 j 个子目标中第 1 个评价指标在整个评价指标体系中的序数，n_j 为第 j 个子目标中最后 1 个评价指标在整个评价指标体系中的序数[②]。

附件 2：全面建成小康社会统计监测指标解释

一、人均 GDP

国内生产总值（GDP）是指一个国家（或地区）所有常住单位在一定时期内生产活动的最终成果。对于地区，GDP 中文名称为"地区生产总值"。人均 GDP 是指一定时期内按常住人口平均计算的 GDP。

计算公式为：

$$人均\ GDP = \frac{国内生产总值（GDP）}{年平均常住人口}$$

注：GDP 按 2010 年不变价计算。

资料来源：统计部门国民经济核算资料。

---

①② 国家统计局统计科学研究所课题组.2008 年我国全面建设小康社会取得新进步［J］.中国信息报，2009（12）.

二、第三产业增加值占 GDP 比重

第三产业增加值占 GDP 比重指第三产业增加值占国内生产总值（GDP）的比重。

我国的三次产业划分是：

第一产业：农业（即农、林、牧、渔业）。

第二产业：工业（包括采矿业、制造业、电力燃气及水的生产和供应业）、建筑业。

第三产业：服务业（除第一、第二产业以外的其他各业）。

计算公式为：

$$第三产业增加值占 GDP 比重 = \frac{第三产业增加值}{国内生产总值（GDP）} \times 100\%$$

资料来源：统计部门国民经济核算资料。

三、居民消费支出占 GDP 比重

居民消费支出占 GDP 比重指居民消费支出占国内生产总值（GDP）的比重。

居民消费支出指常住住户在一定时期内对于货物和服务的全部最终消费支出，包括如下几种类型：单位以实物报酬及实物转移的形式提供给劳动者的货物和服务；住户生产并由本住户消费了的货物和服务，其中的服务仅指住户的自有住房服务和付酬的家庭雇员提供的家庭和个人服务；金融机构提供的金融媒介服务。

计算公式为：

$$居民消费支出占 GDP 比重 = \frac{居民消费支出}{国内生产总值（GDP）} \times 100\%$$

资料来源：统计部门国民经济核算资料。

四、R&D 经费支出占 GDP 比重

R&D 经费支出占 GDP 比重指一定时期（通常为一年）科学研究与试验发展（简称 R&D）经费支出占同期 GDP 的比重。

计算公式为：

$$R\&D 经费支出占 GDP 比重 = \frac{R\&D 经费支出}{国内生产总值（GDP）} \times 100\%$$

研究与试验发展（R&D）指在科学技术领域，为增加知识总量，以及运用这些知识去创造新的应用进行的系统的创造性的活动，包括基础研究、应用研究、试验发展三类活动。

资料来源：统计部门科技统计资料。

五、每万人口发明专利拥有量

每万人口发明专利拥有量指每万人拥有经国内外知识产权行政部门授权且在有效期内的发明专利件数，是衡量一个国家或地区科研产出质量和市场应用水平的综合指标。

计算公式为：

$$每万人发明专利拥有量 = \frac{年末有效发明专利拥有量（件）}{年末常住人口（万人）}$$

资料来源：统计部门科技统计资料。

六、工业劳动生产率

工业劳动生产率指根据工业产品价值量指标计算的平均每一个工业企业职工在单位时间内的产品生产量。它是考核企业经济活动的重要指标，是企业生产技术水平、经营管理水平、职工技术熟练程度和劳动积极性的综合表现。

计算公式为：

$$工业劳动生产率 = \frac{工业增加值}{工业企业平均职工人数}$$

资料来源：统计部门核算统计资料。

七、互联网普及率

互联网普及率指一段时期内互联网使用人口占全部人口的比重。

计算公式为：

$$互联网普及率 = \frac{互联网使用人口}{全部人口} \times 100\%$$

资料来源：工业和信息化部统计资料、统计部门人口统计资料。

八、城镇人口比重

城镇人口比重指城镇人口数量占总体人口数量的比重。

计算公式为：

$$城镇人口比重 = \frac{城镇人口}{全部人口} \times 100\%$$

资料来源：统计部门人口统计资料。

城镇人口有几种口径的统计数据，本指标使用的是人口普查中按城乡划分标准统计的城镇人口数。

九、农业劳动生产率

农业劳动生产率指平均每个农业劳动者在单位时间内生产的农产品量或产

值，或生产单位农产品消耗的劳动时间，是衡量农业劳动者生产效率的指标。

计算公式为：

$$农业劳动生产率 = \frac{第一产业增加值}{第一产业平均就业人数}$$

资料来源：统计部门核算统计资料、人口统计资料。

十、基层民主参选率

基层民主参选率指基层组织参加投票的选民与选民总数的比例。

计算公式为：

$$基层民主参选率 = \frac{基层组织参加投票的选民}{选民总数} \times 100\%$$

资料来源：民政部门统计资料。

十一、每万名公务人员检察机关立案人数

每万名公务人员检察机关立案人数指平均每万名公务人员中被检察机关立案的贪污贿赂、渎职案件人数。

计算公式为：

$$每万名公务人员检察机关立案人数 = \frac{检察机关立案的贪污贿赂、渎职案件人数（人）}{公务人员总数（万人）}$$

资料来源：检察机关统计资料。

十二、社会安全指数

社会安全指数是一个合成指数，表示社会安全的状态。指一定时期内，社会安全的几个主要方面（社会治安、交通安全、生活安全、生产安全等）的总体变化情况。其中，社会治安采用万人刑事犯罪率指标；交通安全采用万人交通事故（含道路交通、水上交通、铁路、民航等）死亡率指标；生活安全采用万人火灾事故死亡率指标；生产安全采用万人工伤事故死亡率指标。

计算公式为：

$$社会安全指数 = \frac{2000年全国万人刑事犯罪率}{当年本地万人刑事犯罪率} \times 40 + \frac{2000年全国万人交通事故死亡率}{当年本地万人交通事故死亡率} \times 20 + \frac{2000年全国万人火灾事故死亡率}{当年本地万人火灾事故死亡率} \times 20 + \frac{2000年全国万人工伤事故死亡率}{当年本地万人工伤事故死亡率} \times 20$$

资料来源：法院、公安、安全生产管理部门统计资料。

十三、每万人口拥有律师数

每万人口拥有律师数指平均每万人口中拥有律师工作人员的数量，包括全职

律师和兼职律师。

计算公式为：

$$每万人口拥有律师数 = \frac{律师工作人员（人）}{年末常住人口（万人）}$$

资料来源：司法部门统计资料。

十四、文化及相关产业增加值占 GDP 比重

文化及相关产业增加值占 GDP 比重指文化及相关产业增加值占国内生产总值的比重。

文化及相关产业指为社会公众提供文化产品和文化相关产品的生产活动的集合。我国文化及相关产业的范围包括：以文化为核心内容，为直接满足人们的精神需要而进行的创作、制造、传播、展示等文化产品（包括货物和服务）的生产活动；为实现文化产品生产所必需的辅助生产活动；作为文化产品实物载体或制作（使用、传播、展示）工具的文化用品的生产活动（包括制造和销售）；以及为实现文化产品生产所需专用设备的生产活动（包括制造和销售）。根据各类文化活动的特点，兼顾相关标准，将全部文化产业活动划分为10 大类别：①新闻出版发行服务；②广播电视电影服务；③文化艺术服务；④文化信息传输服务；⑤文化创意和设计服务；⑥文化休闲娱乐服务；⑦工艺美术品的生产；⑧文化产品生产的辅助生产；⑨文化用品的生产；⑩文化专用设备的生产。

计算公式为：

$$文化及相关产业增加值占 GDP 比重 = \frac{文化及相关产业增加值}{国内生产总值（GDP）} \times 100\%$$

资料来源：统计部门。

十五、人均公共文化财政支出

人均公共文化财政支出指按一定时期内平均常住人口计算的包含文化体育与传媒在内的公共文化财政支出。

计算公式为：

$$人均公共文化财政支出 = \frac{公共文化财政支出}{年平均常住人口}$$

资料来源：财政部门统计资料。

十六、有线广播电视入户率

有线广播电视入户率指年末有线广播电视用户数占家庭总户数的比重。

有线广播电视用户数是通过广播电视有线传输网收看电视节目的家庭用户

数，包括接收模拟信号和数字信号的有线电视用户数。

计算公式为：

$$有线广播电视入户率 = \frac{年末有线广播电视用户数}{年末家庭总户数} \times 100\%$$

资料来源：广播电视统计资料。

十七、每万人口拥有"三馆一站"公用房屋建筑面积

每万人口拥有"三馆一站"公用房屋建筑面积指年末平均每万人口拥有的"三馆一站"公用房屋建筑面积。包括：公共图书馆、博物馆、群众文化设施（文化馆、文化站）建筑面积。

计算公式为：

$$每万人口拥有"三馆一站"公用房屋建筑面积 = \frac{图书馆建筑面积 + 博物馆建筑面积 + 群众文化设施建筑面积}{年末常住人口（万人）}$$

资料来源：文化部门统计资料。

十八、城乡居民文化娱乐服务支出占家庭消费支出比重

城乡居民文化娱乐服务支出占家庭消费支出比重指一定时期内城乡居民文化娱乐消费支出占家庭消费支出的比重。

文化娱乐消费支出是指居民家庭用于文化娱乐用品和服务方面的日常消费支出。家庭消费支出指居民用于家庭日常生活的全部支出，包括食品、衣着、家庭设备用品及服务、医疗保健、交通和通信、娱乐教育文化服务、居住、杂项商品和服务八大类。

计算公式为：

城乡居民文化娱乐服务支出占家庭消费支出比重 = 城镇居民文化娱乐服务支出占家庭消费支出比重×城镇人口比重 + 农村居民文化娱乐服务支出占家庭消费支出比重×（1 – 城镇人口比重）

注：根据目前的统计口径，城镇居民文化娱乐服务支出包括文化娱乐服务和文化娱乐消费品支出；农村居民文化娱乐服务支出包括文化娱乐服务和文教娱乐消费品支出。

资料来源：统计部门住户调查资料。

十九、城乡居民人均收入

根据城镇居民人均可支配收入、农村居民人均纯收入以及城乡常住人口比重加权平均计算。

计算公式为：

城乡居民人均收入 = 城镇居民人均可支配收入×城镇人口比重 + 农村居民人

均纯收入×（1−城镇人口比重）

注：城镇居民人均可支配收入、农村居民人均纯收入按 2010 年不变价计算。

资料来源：统计部门住户调查资料。

二十、地区人均基本公共服务支出差异系数

地区人均基本公共服务支出差异系数指各地区人均基本公共服务支出的差异系数。

计算公式为：

$$V_\sigma = \frac{\sqrt{\dfrac{1}{n}\sum_{i=1}^{n}(PCY_i - \overline{PCY})^2}}{\overline{PCY}}$$

式中，n 为辖区内的地区个数，PCY_i 为地区 i 的地区人均基本公共服务支出，$\overline{PCY}$ 为 n 个地区的平均地区人均基本公共服务支出。地区人均基本公共服务支出差异系数 V_σ 反映的是各地区之间地区人均基本公共服务支出差异情况，V_σ 值越大，各地区之间地区人均基本公共服务支出差异程度越大，反之亦然。

地区人均基本公共服务支出指在一定时期内按常住人口平均计算的基本公共服务支出。所谓基本公共服务，是指建立在一定社会共识之上，由政府根据经济社会发展阶段和总体水平来提供、旨在保障个人生存权和发展权所需要的最基础的公共服务。基本公共服务主要分为四个方面：一是基本生存服务，包括公共就业服务、社会保障等；二是基本发展服务，包括教育、医疗卫生、文化体育等；三是基本环境服务，包括交通通信、公共设施和环境保护等；四是基本安全服务，包括公共安全、国防安全等。这里的基本公共服务支出包括公共教育、医疗卫生、社会保障和就业、公共文化、环境保护、基础设施、住房保障等支出。

资料来源：财政部门统计资料。

二十一、失业率

失业率分调查失业率和登记失业率。

（1）调查失业率，是指某时点（期）失业人口与同时点（期）经济活动人口（即劳动力）之比。失业率是通过调查城镇失业人数计算出来的。

计算公式为：

$$失业率 = \frac{某时点（期）失业人口}{同时点（期）经济活动人口} \times 100\%$$

这里，失业是指 16 岁以上的城镇常住人口中，有劳动能力、调查期间未参加社会劳动、当前有就业的可能并正在以某种方式寻找工作的人员。这是国际通

行的失业统计定义。也是国家统计局与原劳动部于 1995 年联合确定的统计定义。失业人数与失业率均可计算时点指标和时期指标。但由于失业现象的变化在短期内是渐变的，因此两类指标差别不大。目前国际上和我国一般使用的是时点指标。

（2）登记失业率，指城镇登记失业人员与城镇单位就业人员（扣除使用的农村劳动力、聘用的离退休人员、港澳台及外方人员）、城镇单位中的不在岗职工、城镇私营业主、个体户主、城镇私营企业和个体就业人员、城镇登记失业人员之和的比。

计算公式为：

$$登记失业率 = \frac{城镇登记失业人口}{\begin{array}{c}（城镇单位就业人口 - 使用的农村劳动力 - 聘用的离退休人员 - \\ 聘用的港澳台及外方人员）+ 不在岗职工 + 城镇私营业主 + 城镇 \\ 个体户主 + 城镇私营企业及个体就业人员 + 城镇登记失业人数\end{array}} \times$$

100%

注：目前暂使用登记失业率，待国家公布调查失业率时再替换。

资料来源：统计部门人口统计资料。

二十二、恩格尔系数

恩格尔系数指居民用于食品消费的支出占消费性支出（城镇）或生活消费支出（农村）的比重。食品支出是指居民用于主食、副食、其他食品以及在外饮食的支出总和。

计算公式为：

$$恩格尔系数 = \frac{城镇居民食品支出}{消费性支出} \times 城镇人口比重 + \frac{农村居民食品支出}{生活性支出} \times$$

（1 - 城镇人口比重）

资料来源：统计部门住户调查资料。

二十三、基尼系数

基尼系数是反映居民收入分配差异程度的指标。它的经济含义是：在全部居民收入中，用于进行不平均分配的那部分收入占总收入的比重。因此，基尼系数最大为"1"，最小等于"0"。前者表示居民之间的收入分配绝对不平均，即100% 的收入被一个人占有了；而后者则表示居民之间的收入分配绝对平均，即每个人的收入完全相同。一般情况下，基尼系数处于 0 和 1 之间。

基尼系数计算方法通常有两种：一种是直接法，另一种是几何法。

（1）直接法计算公式：

$$G = \frac{\sum_{j=1}^{n} \sum_{i=1}^{n} |x_j - x_i|}{2n(n-1)u}$$

式中，G 为基尼系数，n 为被调查人数，x_i 为第 i 个被调查者的收入，u 为所有被调查者的平均收入。

（2）几何法计算公式：

$$G = \frac{S_A}{S_{A+B}} = 2S_A$$

式中，G 为基尼系数，S_A 表示洛伦兹曲线 L 和直线 OC 围成的面积（如图 1 所示），S_{A+B} 表示 $\triangle ODC$ 的面积。

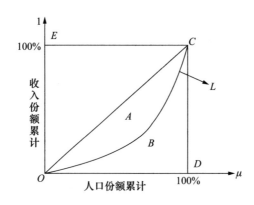

图 1

注：各地区基尼系数不纳入计算。

资料来源：统计部门住户调查资料。

二十四、城乡居民收入比

城乡居民收入比指城镇居民人均可支配收入与农村居民人均纯收入之比（以农村为 1）。

计算公式为：

$$城乡居民收入比 = \frac{城镇居民人均可支配收入}{农村居民人均纯收入}$$

资料来源：统计部门住户调查资料。

二十五、城乡居民家庭人均住房面积达标率

根据城镇居民家庭人均住房面积达标率和农村居民家庭人均住房面积达标率2项指标加权合成。

计算公式为：

城乡居民家庭人均住房面积达标率＝城镇居民家庭人均住房面积达标率×城镇人口比重＋农村居民家庭人均住房面积达标率×（1－城镇人口比重）

城镇居民家庭人均住房面积达标率：指城镇居民家庭人均现有住房建筑面积达到33.3平方米的人口所占比例。计算现有住房建筑面积时以房屋产权证或租赁证为准。建筑面积可按使用面积乘以1.33计算得出。

农村居民家庭人均住房面积达标率：指农村居民家庭人均住房（钢筋混凝土结构和砖木结构）室内面积达到30平方米的人口所占比例。房屋面积从内墙线算起，不包括房屋结构（如墙、柱）占用的面积，多层建筑按各层面积总和计算。钢筋混凝土结构是指房屋的梁、柱、承重墙等主要部分是用钢筋混凝土建造的。砖木结构是指梁、柱、承重墙等主要部分是用砖、石和木料建造的。

资料来源：统计部门住户调查资料。

二十六、公共交通服务指数

根据城市每万人口拥有公共交通车辆（标台）和行政村客运班车通达率2项指标加权合成。

计算公式为：

$$公共交通服务指数＝\frac{城市每万人拥有公共交通车辆（标台）}{14}×城镇人口比重＋$$

$$\frac{行政村客运班车通达率}{95}×（1－城镇人口比重）$$

资料来源：交通运输部门统计资料、公安部门统计资料。

二十七、平均预期寿命

平均预期寿命指一个人口群体从出生起平均能存活的年龄（岁）。平均预期寿命是根据分年龄死亡率，通过编制生命表得到的。由于需要分年龄死亡数据，为了保证分年龄死亡数据的代表性，必须从规模较大的调查中获得死亡数据。我们可以利用10年一次的人口普查和5年一次的1%人口抽样调查获得的死亡数据计算平均预期寿命。其余年份的数据采取根据联合国推荐的平均预期寿命在各阶段提高幅度，参考年度1‰人口变动情况抽样调查数据进行推算，以此对指标执

行情况进行监测和评价。

资料来源：统计部门人口统计资料。

二十八、平均受教育年限

平均受教育年限指一定时期全国 15 岁及以上人口人均接受学历教育（包括成人学历教育，不包括各种非学历培训）的年数。

计算公式为：

$$平均受教育年限 = \frac{\sum P_i E_i}{P}$$

式中，P 为本地区 15 岁及以上人口，P_i 为具有 i 种文化程度的人口数，E_i 为具有 i 种文化程度的人口受教育年数系数，i 则根据我国的学制确定。

资料来源：统计部门人口统计资料。

二十九、每千人口拥有执业医师数

每千人口拥有执业医师数指平均每千人口中拥有执业（助理）医师人员的数量，包括执业医师和执业助理医师。

执业医师指具有《医师执业证》及其"级别"为"执业医师"且实际从事医疗、预防保健工作的人员，不包括实际从事管理工作的执业医师。执业助理医师指《医师执业证》"级别"为"执业助理医师"且实际从事医疗、预防保健工作的人员，不包括实际从事管理工作的执业助理医师。

计算公式为：

$$每千人口拥有执业医师数 = \frac{执业（助理）医师数}{年末常住人口} \times 1000$$

资料来源：卫生部门统计资料、统计部门人口统计资料。

三十、基本社会保险覆盖率

基本社会保险覆盖率指已参加基本养老保险和基本医疗保险人口占政策规定应参加人口的比重。

计算公式为：

$$基本社会保险覆盖率 = \frac{已参加基本养老保险的人数}{应参加基本养老保险的人数} \times 50\% +$$

$$\frac{已参加基本医疗保险的人数}{应参加基本医疗保险的人数} \times 50\%$$

基本社会保险主要包括基本养老保险、基本医疗保险、失业保险、工伤保险和生育保险五项，其中基本养老保险、基本医疗保险最为重要，所以在计算基本社会保险覆盖率时只计算基本养老保险和基本医疗保险的覆盖率。

资料来源：劳动和社会保障部门统计资料或统计部门劳动保障统计资料。

三十一、农村自来水普及率

农村自来水普及率指农村饮用自来水人口数占农村人口总数的百分比。

计算公式为：

$$农村自来水普及率 = \frac{农村饮用自来水人口}{农村人口总数} \times 100\%$$

资料来源：卫生部门统计资料、统计部门人口统计资料。

三十二、农村卫生厕所普及率

农村卫生厕所普及率指使用各种类型卫生厕所的农户数占农村总户数的百分比。

农村卫生厕所：指有完整下水道系统的水冲式、三格式粪池式、净化沼气池式、多瓮漏斗式公厕以及粪便及时清理并进行高温堆肥无害化处理的非水冲式厕所。

计算公式为：

$$农村卫生厕所普及率 = \frac{使用卫生厕所农户数}{农村总户数} \times 100\%$$

资料来源：卫生部门统计资料、统计部门人口统计资料。

三十三、单位 GDP 能耗

单位 GDP 能耗指在一定时期内（通常为一年），每生产万元国内生产总值（GDP）所消耗的能源总量。

计算公式为：

$$单位\ GDP\ 能耗 = \frac{能源消耗总量（吨标准煤）}{国内生产总值（GDP）（万元）}$$

注：GDP 按 2010 年不变价计算。

资料来源：统计部门能源统计资料。

三十四、单位 GDP 水耗

单位 GDP 水耗指在一定时期内（通常为一年），每生产万元国内生产总值（GDP）的用水总量。

计算公式为：

$$单位 GDP 水耗 = \frac{用水总量（立方米）}{国内生产总值（GDP）（万元）}$$

注：GDP 按 2010 年不变价计算。

资料来源：水利部门统计资料、国民经济核算资料。

三十五、单位 GDP 建设用地占用面积

单位 GDP 建设用地占用面积指在一定时期内（通常为一年），每生产亿元国内生产总值（GDP）所占用的建设用地面积。

计算公式为：

$$单位 GDP 建设用地占用面积 = \frac{建设用地面积（公顷）}{国内生产总值（GDP）（亿元）}$$

注：GDP 按 2010 年不变价计算。

资料来源：国土资源部门统计资料、统计部门国民经济核算资料。

三十六、单位 GDP 二氧化碳排放量

单位 GDP 二氧化碳排放量指在一定时期内（通常为一年），每生产万元国内生产总值（GDP）排放的二氧化碳量。

计算公式为：

$$单位 GDP 二氧化碳排量 = \frac{二氧化碳排放量（吨）}{国内生产总值（GDP）（万元）}$$

注：单位 GDP 二氧化碳排放量暂无数据，待有关部门公布时再纳入计算。

三十七、环境质量指数

环境质量是包括水环境、大气环境、土壤环境、生态环境、地质环境、噪声等环境要素优劣的一个综合概念。由于环境统计数据的限制，环境质量指数的计算目前暂由水环境、大气环境、绿化等环境要素构成，待条件成熟时，再加其他。环境质量指数包括：PM2.5 达标天数比例（目前暂无数据，用空气质量达到二级以上天数占全年比重代替）、地表水达标率、森林覆盖率、城市建成区绿化覆盖率。

计算公式为：

$$环境质量指数 = \frac{空气质量达到二级以上天数占全年比重}{95} \times 35 + \frac{地表水达标率}{90} \times$$

$$35 + \frac{森林覆盖率}{23} \times 15 + \frac{城市建成区绿化覆盖率}{40} \times 15$$

其中，地表水达标率指辖区内各地表水环境功能区断面全年监测结果均值按

相应水域功能目标评价达标的断面数占总断面数的比例。

资料来源：环保部门统计资料和公报。

三十八、主要污染物排放强度指数

根据化学需氧量、二氧化硫、氨氮、氮氧化合物等主要污染物排放量 4 项指标加权合成。

计算公式为：

$$主要污染物排放强度指数 = \frac{27.7}{\dfrac{化学需氧量排放量（吨）}{国内生产总值（GDP）（亿元）}} \times 25 +$$

$$\frac{24.6}{\dfrac{二氧化硫排放量（吨）}{国内生产总值（GDP）（亿元）}} \times 25 + \frac{2.78}{\dfrac{氨氮排放量（吨）}{国内生产总值（GDP）（亿元）}} \times 25 +$$

$$\frac{24}{\dfrac{氮氧化物排放量（吨）}{国内生产总值（GDP）（亿元）}} \times 25$$

注：GDP 按 2010 年不变价计算。

资料来源：环保部门统计资料。

三十九、城市生活垃圾无害化处理率

城市生活垃圾无害化处理率指在一定时期内（通常为一年），生活垃圾无害化处理量与生活垃圾产生量比率。在统计上，由于生活垃圾产生量不易取得，可用清运量代替。

生活垃圾无害化处理量指用卫生填埋、堆肥、焚烧等工艺方法处理生活垃圾的总量，即生活垃圾在无害化处理厂（场）处理的垃圾总量。

计算公式为：

$$城市生活垃圾无害化处理率 = \frac{城市生活垃圾无害化处理量}{城市生活垃圾产出量} \times 100\%$$

资料来源：住房和城乡建设部统计资料。

附表 2－1　2010 年广西全面建成小康社会指标实现程度（全国标准）

分类指标	序号	具体指标	权重	具体指标实现程度（%）	分类指标实现程度（%）
经济发展（权重22）	1	人均 GDP（2010 年不变价）	4	35.5	59.6
	2	第三产业增加值占 GDP 比重	2	63.4	

续表

分类指标	序号	具体指标	权重	具体指标实现程度（%）	分类指标实现程度（%）
经济发展 （权重22）	3	居民消费支出占 GDP 比重	2.5	100.0	59.6
	4	R&D 经费支出占 GDP 比重	1.5	26.4	
	5	每万人口发明专利拥有量	1.5	8.6	
	6	工业生产率（工业劳动生产率）	2.5	100.0	
	7	互联网普及率	2.5	50.4	
	8	城镇人口比重	3	66.9	
	9	农业劳动生产率	2.5	65.0	
民主法制 （权重14）	10	基层民主参选率	3.5	96.6	80.8
	11	每万名公务人员检察机关立案人数	3.5	100.0	
	12	社会安全指数	4	82.5	
	13	每万人口拥有律师数	3	37.8	
文化建设 （权重14）	14	文化及相关产业增加值占 GDP 比重	3	44.0	54.2
	15	人均公共文化财政支出	2.5	35.5	
	16	有线广播电视入户率	3	51.8	
	17	每万人口拥有"三馆一站"公用房屋建筑面积	2.5	82.8	
	18	城乡居民文化娱乐服务支出占家庭消费支出比重	3	58.3	
人民生活 （权重28）	19	城乡居民人均收入（2010 年不变价）	4	41.9	76.1
	20	地区人均基本公共服务支出差异系数	1.5	100.0	
	21	失业率（3~6）	2	100.0	
	22	恩格尔系数	2	90.2	
	23	基尼系数	1.5	100.0	
	24	城乡居民收入比（1~2.8）	1.5	36.0	
	25	城乡居民家庭人均住房面积达标率	2	80.5	
	26	公共交通服务指数	2	75.0	
	27	平均预期寿命	2	98.7	
	28	平均受教育年限	2	84.8	
	29	每千人口拥有执业医师数	1.5	74.9	
	30	基本社会保险覆盖率	3	66.0	
	31	农村自来水普及率	1.5	60.6	
	32	农村卫生厕所普及率	1.5	100.0	

分类指标	序号	具体指标	权重	具体指标实现程度（%）	分类指标实现程度（%）
资源环境（权重22）	33	单位 GDP 能耗（2010 年不变价）	3	77.9	70.0
	34	单位 GDP 水耗（2010 年不变价）	3	35.9	
	35	单位 GDP 建设用地占用面积（2010 年不变价）	3	58.4	
	36	单位 GDP 二氧化碳排放量（2010 年不变价）	2	100.0	
	37	环境质量指数	4	98.2	
	38	主要污染物排放强度指数	4	32.5	
	39	城市生活垃圾无害化处理率	3	100.0	

附表 2－2　2011 年广西全面建成小康社会指标实现程度（全国标准）

分类指标	序号	具体指标	权重	具体指标实现程度（%）	分类指标实现程度（%）
经济发展（权重22）	1	人均 GDP（2010 年不变价）	4	40.7	62.8
	2	第三产业增加值占 GDP 比重	2	64.0	
	3	居民消费支出占 GDP 比重	2.5	100.0	
	4	R&D 经费支出占 GDP 比重	1.5	27.6	
	5	每万人口发明专利拥有量	1.5	11.4	
	6	工业生产率（工业劳动生产率）	2.5	100.0	
	7	互联网普及率	2.5	58.8	
	8	城镇人口比重	3	69.7	
	9	农业劳动生产率	2.5	70.0	
民主法制（权重14）	10	基层民主参选率	3.5	96.8	81.7
	11	每万名公务人员检察机关立案人数	3.5	100.0	
	12	社会安全指数	4	82.8	
	13	每万人口拥有律师数	3	41.3	
文化建设（权重14）	14	文化及相关产业增加值占 GDP 比重	3	48.0	58.8
	15	人均公共文化财政支出	2.5	40.3	
	16	有线广播电视入户率	3	60.0	
	17	每万人口拥有"三馆一站"公用房屋建筑面积	2.5	85.5	
	18	城乡居民文化娱乐服务支出占家庭消费支出比重	3	61.7	

续表

分类指标	序号	具体指标	权重	具体指标实现程度（%）	分类指标实现程度（%）
人民生活（权重28）	19	城乡居民人均收入（2010年不变价）	4	48.2	80.7
	20	地区人均基本公共服务支出差异系数	1.5	100.0	
	21	失业率（3~6）	2	100.0	
	22	恩格尔系数	2	95.2	
	23	基尼系数	1.5	100.0	
	24	城乡居民收入比（1~2.8）	1.5	55.5	
	25	城乡居民家庭人均住房面积达标率	2	86.7	
	26	公共交通服务指数	2	77.9	
	27	平均预期寿命	2	99.1	
	28	平均受教育年限	2	85.7	
	29	每千人口拥有执业医师数	1.5	81.5	
	30	基本社会保险覆盖率	3	72.9	
	31	农村自来水普及率	1.5	68.9	
	32	农村卫生厕所普及率	1.5	100.0	
资源环境（权重22）	33	单位GDP能耗（2010年不变价）	3	81.1	73.2
	34	单位GDP水耗（2010年不变价）	3	39.4	
	35	单位GDP建设用地占用面积（2010年不变价）	3	64.8	
	36	单位GDP二氧化碳排放量（2010年不变价）	2	100.0	
	37	环境质量指数	4	98.5	
	38	主要污染物排放强度指数	4	40.4	
	39	城市生活垃圾无害化处理率	3	100.0	

附表2-3　2012年广西全面建成小康社会指标实现程度（全国标准）

分类指标	序号	具体指标	权重	具体指标实现程度（%）	分类指标实现程度（%）
经济发展（权重22）	1	人均GDP（2010年不变价）	4	45.0	66.1
	2	第三产业增加值占GDP比重	2	64.5	
	3	居民消费支出占GDP比重	2.5	100.0	
	4	R&D经费支出占GDP比重	1.5	30.0	
	5	每万人口发明专利拥有量	1.5	15.7	

分类指标	序号	具体指标	权重	具体指标实现程度（%）	分类指标实现程度（%）
经济发展（权重22）	6	工业生产率（工业劳动生产率）	2.5	100.0	66.1
	7	互联网普及率	2.5	68.4	
	8	城镇人口比重	3	72.6	
	9	农业劳动生产率	2.5	75.0	
民主法制（权重14）	10	基层民主参选率	3.5	97.1	82.6
	11	每万名公务人员检察机关立案人数	3.5	100.0	
	12	社会安全指数	4	83.1	
	13	每万人口拥有律师数	3	44.8	
文化建设（权重14）	14	文化及相关产业增加值占GDP比重	3	52.0	63.4
	15	人均公共文化财政支出	2.5	48.6	
	16	有线广播电视入户率	3	68.2	
	17	每万人口拥有"三馆一站"公用房屋建筑面积	2.5	88.3	
	18	城乡居民文化娱乐服务支出占家庭消费支出比重	3	61.7	
人民生活（权重28）	19	城乡居民人均收入（2010年不变价）	4	55.4	84.7
	20	地区人均基本公共服务支出差异系数	1.5	100.0	
	21	失业率（3~6）	2	100.0	
	22	恩格尔系数	2	97.2	
	23	基尼系数	1.5	100.0	
	24	城乡居民收入比（1~2.8）	1.5	66.0	
	25	城乡居民家庭人均住房面积达标率	2	92.8	
	26	公共交通服务指数	2	80.8	
	27	平均预期寿命	2	99.5	
	28	平均受教育年限	2	87.6	
	29	每千人口拥有执业医师数	1.5	85.6	
	30	基本社会保险覆盖率	3	79.9	
	31	农村自来水普及率	1.5	77.1	
	32	农村卫生厕所普及率	1.5	100.0	
资源环境（权重22）	33	单位GDP能耗（2010年不变价）	3	84.5	76.8
	34	单位GDP水耗（2010年不变价）	3	43.1	
	35	单位GDP建设用地占用面积（2010年不变价）	3	72.7	
	36	单位GDP二氧化碳排放量（2010年不变价）	2	100.0	

续表

分类指标	序号	具体指标	权重	具体指标实现程度（%）	分类指标实现程度（%）
资源环境（权重22）	37	环境质量指数	4	98.8	76.8
	38	主要污染物排放强度指数	4	48.3	
	39	城市生活垃圾无害化处理率	3	100.0	

附表 2－4　2013 年广西全面建成小康社会指标实现程度（全国标准）

分类指标	序号	具体指标	权重	具体指标实现程度（%）	分类指标实现程度（%）
经济发展（权重22）	1	人均 GDP（2010 年不变价）	4	49.2	70.1
	2	第三产业增加值占 GDP 比重	2	76.6	
	3	居民消费支出占 GDP 比重	2.5	100.0	
	4	R&D 经费支出占 GDP 比重	1.5	29.8	
	5	每万人口发明专利拥有量	1.5	22.5	
	6	工业生产率（工业劳动生产率）	2.5	100.0	
	7	互联网普及率	2.5	75.8	
	8	城镇人口比重	3	74.7	
	9	农业劳动生产率	2.5	80.0	
民主法制（权重14）	10	基层民主参选率	3.5	97.3	83.8
	11	每万名公务人员检察机关立案人数	3.5	100.0	
	12	社会安全指数	4	83.4	
	13	每万人口拥有律师数	3	49.6	
文化建设（权重14）	14	文化及相关产业增加值占 GDP 比重	3	55.2	67.1
	15	人均公共文化财政支出	2.5	52.8	
	16	有线广播电视入户率	3	76.3	
	17	每万人口拥有"三馆一站"公用房屋建筑面积	2.5	91.3	
	18	城乡居民文化娱乐服务支出占家庭消费支出比重	3	61.7	
人民生活（权重28）	19	城乡居民人均收入（2010 年不变价）	4	56.3	88.7
	20	地区人均基本公共服务支出差异系数	1.5	100.0	
	21	失业率（3~6）	2	100.0	
	22	恩格尔系数	2	100.0	
	23	基尼系数	1.5	100.0	
	24	城乡居民收入比（1~2.8）	1.5	100.0	

续表

分类指标	序号	具体指标	权重	具体指标实现程度（%）	分类指标实现程度（%）
人民生活（权重28）	25	城乡居民家庭人均住房面积达标率	2	99.0	88.7
	26	公共交通服务指数	2	83.7	
	27	平均预期寿命	2	99.9	
	28	平均受教育年限	2	88.6	
	29	每千人口拥有执业医师数	1.5	84.6	
	30	基本社会保险覆盖率	3	86.8	
	31	农村自来水普及率	1.5	85.4	
	32	农村卫生厕所普及率	1.5	100.0	
资源环境（权重22）	33	单位GDP能耗（2010年不变价）	3	85.7	80.4
	34	单位GDP水耗（2010年不变价）	3	47.3	
	35	单位GDP建设用地占用面积（2010年不变价）	3	82.9	
	36	单位GDP二氧化碳排放量（2010年不变价）	2	100.0	
	37	环境质量指数	4	99.1	
	38	主要污染物排放强度指数	4	56.2	
	39	城市生活垃圾无害化处理率	3	100.0	

附表2－5　2014年广西全面建成小康社会指标实现程度（全国标准）

分类指标	序号	具体指标	权重	具体指标实现程度（%）	分类指标实现程度（%）
经济发展（权重22）	1	人均GDP（2010年不变价）	4	53.0	73.0
	2	第三产业增加值占GDP比重	2	80.4	
	3	居民消费支出占GDP比重	2.5	100.0	
	4	R&D经费支出占GDP比重	1.5	28.4	
	5	每万人口发明专利拥有量	1.5	34.2	
	6	工业生产率（工业劳动生产率）	2.5	100.0	
	7	互联网普及率	2.5	78.4	
	8	城镇人口比重	3	76.7	
	9	农业劳动生产率	2.5	85.0	
民主法制（权重14）	10	基层民主参选率	3.5	97.5	84.7
	11	每万名公务人员检察机关立案人数	3.5	100.0	
	12	社会安全指数	4	83.7	
	13	每万人口拥有律师数	3	53.5	

分类指标	序号	具体指标	权重	具体指标实现程度（%）	分类指标实现程度（%）
文化建设 （权重14）	14	文化及相关产业增加值占 GDP 比重	3	60.0	73.9
	15	人均公共文化财政支出	2.5	72.1	
	16	有线广播电视入户率	3	83.0	
	17	每万人口拥有"三馆一站"公用房屋建筑面积	2.5	92.3	
	18	城乡居民文化娱乐服务支出占家庭消费支出比重	3	65.0	
人民生活 （权重28）	19	城乡居民人均收入（2010 年不变价）	4	62.2	90.5
	20	地区人均基本公共服务支出差异系数	1.5	100.0	
	21	失业率（3~6）	2	100.0	
	22	恩格尔系数	2	100.0	
	23	基尼系数	1.5	100.0	
	24	城乡居民收入比（1~2.8）	1.5	99.9	
	25	城乡居民家庭人均住房面积达标率	2	99.2	
	26	公共交通服务指数	2	86.0	
	27	平均预期寿命	2	100.0	
	28	平均受教育年限	2	90.5	
	29	每千人口拥有执业医师数	1.5	93.3	
	30	基本社会保险覆盖率	3	88.4	
	31	农村自来水普及率	1.5	86.6	
	32	农村卫生厕所普及率	1.5	100.0	
资源环境 （权重22）	33	单位 GDP 能耗（2010 年不变价）	3	89.6	83.3
	34	单位 GDP 水耗（2010 年不变价）	3	52.3	
	35	单位 GDP 建设用地占用面积（2010 年不变价）	3	84.6	
	36	单位 GDP 二氧化碳排放量（2010 年不变价）	2	100.0	
	37	环境质量指数	4	99.2	
	38	主要污染物排放强度指数	4	64.1	
	39	城市生活垃圾无害化处理率	3	100.0	

附表 2－6 2015 年广西全面建成小康社会指标实现程度（全国标准）

分类指标	序号	具体指标	权重	具体指标实现程度（％）	分类指标实现程度（％）
经济发展 （权重22）	1	人均 GDP（2010 年不变价）	4	56.8	77.1
	2	第三产业增加值占 GDP 比重	2	82.8	
	3	居民消费支出占 GDP 比重	2.5	100.0	
	4	R&D 经费支出占 GDP 比重	1.5	29.2	
	5	每万人口发明专利拥有量	1.5	56.6	
	6	工业生产率（工业劳动生产率）	2.5	100.0	
	7	互联网普及率	2.5	85.6	
	8	城镇人口比重	3	78.5	
	9	农业劳动生产率	2.5	90.0	
民主法制 （权重14）	10	基层民主参选率	3.5	97.7	85.9
	11	每万名公务人员检察机关立案人数	3.5	100.0	
	12	社会安全指数	4	84.0	
	13	每万人口拥有律师数	3	58.3	
文化建设 （权重14）	14	文化及相关产业增加值占 GDP 比重	3	64.0	78.9
	15	人均公共文化财政支出	2.5	82.4	
	16	有线广播电视入户率	3	89.7	
	17	每万人口拥有"三馆一站"公用房屋建筑面积	2.5	93.3	
	18	城乡居民文化娱乐服务支出占家庭消费支出比重	3	68.3	
人民生活 （权重28）	19	城乡居民人均收入（2010 年不变价）	4	67.5	92.1
	20	地区人均基本公共服务支出差异系数	1.5	100.0	
	21	失业率（3~6）	2	99.9	
	22	恩格尔系数	2	100.0	
	23	基尼系数	1.5	100.0	
	24	城乡居民收入比（1~2.8）	1.5	100.0	
	25	城乡居民家庭人均住房面积达标率	2	99.3	
	26	公共交通服务指数	2	88.3	
	27	平均预期寿命	2	100.0	
	28	平均受教育年限	2	92.4	
	29	每千人口拥有执业医师数	1.5	97.4	
	30	基本社会保险覆盖率	3	90.0	
	31	农村自来水普及率	1.5	87.9	

续表

分类指标	序号	具体指标	权重	具体指标实现程度（%）	分类指标实现程度（%）
人民生活（权重28）	32	农村卫生厕所普及率	1.5	100.0	92.1
资源环境（权重22）	33	单位 GDP 能耗（2010 年不变价）	3	95.2	86.5
	34	单位 GDP 水耗（2010 年不变价）	3	57.9	
	35	单位 GDP 建设用地占用面积（2010 年不变价）	3	86.5	
	36	单位 GDP 二氧化碳排放量（2010 年不变价）	2	100.0	
	37	环境质量指数	4	99.3	
	38	主要污染物排放强度指数	4	72.0	
	39	城市生活垃圾无害化处理率	3	100.0	

附表 2 - 7　2010 年广西全面建成小康社会指标实现程度（按西部地区达标要求）

分类指标	序号	具体指标	权重	具体指标实现程度（%）	分类指标实现程度（%）
经济发展（权重22）	1	人均 GDP（2010 年不变价）	4	0.0	55.2
	2	第三产业增加值占 GDP 比重	2	66.2	
	3	居民消费支出占 GDP 比重	2.5	100.0	
	4	R&D 经费支出占 GDP 比重	1.5	30.0	
	5	每万人口发明专利拥有量	1.5	10.0	
	6	工业生产率（工业劳动生产率）	2.5	100.0	
	7	互联网普及率	2.5	56.0	
	8	城镇人口比重	3	72.9	
	9	农业劳动生产率	2.5	65.0	
民主法制（权重14）	10	基层民主参选率	3.5	96.6	80.8
	11	每万名公务人员检察机关立案人数	3.5	100.0	
	12	社会安全指数	4	82.5	
	13	每万人口拥有律师数	3	37.8	
文化建设（权重14）	14	文化及相关产业增加值占 GDP 比重	3	44.0	54.2
	15	人均公共文化财政支出	2.5	35.5	
	16	有线广播电视入户率	3	51.8	
	17	每万人口拥有"三馆一站"公用房屋建筑面积	2.5	82.8	
	18	城乡居民文化娱乐服务支出占家庭消费支出比重	3	58.3	

续表

分类指标	序号	具体指标	权重	具体指标实现程度（%）	分类指标实现程度（%）
人民生活（权重28）	19	城乡居民人均收入（2010年不变价）	4	0.0	70.5
	20	地区人均基本公共服务支出差异系数	1.5	100.0	
	21	失业率（3~6）	2	100.0	
	22	恩格尔系数	2	90.2	
	23	基尼系数	1.5	100.0	
	24	城乡居民收入比（1~2.8）	1.5	36.0	
	25	城乡居民家庭人均住房面积达标率	2	80.5	
	26	公共交通服务指数	2	75.0	
	27	平均预期寿命	2	98.7	
	28	平均受教育年限	2	84.8	
	29	每千人口拥有执业医师数	1.5	74.9	
	30	基本社会保险覆盖率	3	67.4	
	31	农村自来水普及率	1.5	64.7	
	32	农村卫生厕所普及率	1.5	100.0	
资源环境（权重22）	33	单位GDP能耗（2010年不变价）	3	84.4	71.8
	34	单位GDP水耗（2010年不变价）	3	37.6	
	35	单位GDP建设用地占用面积（2010年不变价）	3	63.3	
	36	单位GDP二氧化碳排放量（2010年不变价）	2	100.0	
	37	环境质量指数	4	98.2	
	38	主要污染物排放强度指数	4	32.5	
	39	城市生活垃圾无害化处理率	3	100.0	

附表2-8　2011年广西全面建成小康社会指标实现程度（按西部地区达标要求）

分类指标	序号	具体指标	权重	具体指标实现程度（%）	分类指标实现程度（%）
经济发展（权重22）	1	人均GDP（2010年不变价）	4	12.3	59.8
	2	第三产业增加值占GDP比重	2	66.9	
	3	居民消费支出占GDP比重	2.5	100.0	
	4	R&D经费支出占GDP比重	1.5	31.4	
	5	每万人口发明专利拥有量	1.5	13.3	

续表

分类指标	序号	具体指标	权重	具体指标实现程度（%）	分类指标实现程度（%）
经济发展 （权重22）	6	工业生产率（工业劳动生产率）	2.5	100.0	59.8
	7	互联网普及率	2.5	65.3	
	8	城镇人口比重	3	76.0	
	9	农业劳动生产率	2.5	70.0	
民主法制 （权重14）	10	基层民主参选率	3.5	96.8	81.7
	11	每万名公务人员检察机关立案人数	3.5	100.0	
	12	社会安全指数	4	82.8	
	13	每万人口拥有律师数	3	41.3	
文化建设 （权重14）	14	文化及相关产业增加值占 GDP 比重	3	48.0	58.8
	15	人均公共文化财政支出	2.5	40.3	
	16	有线广播电视入户率	3	60.0	
	17	每万人口拥有"三馆一站"公用房屋建筑面积	2.5	85.5	
	18	城乡居民文化娱乐服务支出占家庭消费支出比重	3	61.7	
人民生活 （权重28）	19	城乡居民人均收入（2010 年不变价）	4	15.0	76.4
	20	地区人均基本公共服务支出差异系数	1.5	100.0	
	21	失业率（3~6）	2	100.0	
	22	恩格尔系数	2	95.2	
	23	基尼系数	1.5	100.0	
	24	城乡居民收入比（1~2.8）	1.5	55.5	
	25	城乡居民家庭人均住房面积达标率	2	86.7	
	26	公共交通服务指数	2	77.9	
	27	平均预期寿命	2	99.1	
	28	平均受教育年限	2	85.7	
	29	每千人口拥有执业医师数	1.5	81.5	
	30	基本社会保险覆盖率	3	74.5	
	31	农村自来水普及率	1.5	73.5	
	32	农村卫生厕所普及率	1.5	100.0	
资源环境 （权重22）	33	单位 GDP 能耗（2010 年不变价）	3	87.8	75.1
	34	单位 GDP 水耗（2010 年不变价）	3	41.1	
	35	单位 GDP 建设用地占用面积（2010 年不变价）	3	70.2	
	36	单位 GDP 二氧化碳排放量（2010 年不变价）	2	100.0	

续表

分类指标	序号	具体指标	权重	具体指标实现程度（%）	分类指标实现程度（%）
资源环境 （权重22）	37	环境质量指数	4	98.5	75.1
	38	主要污染物排放强度指数	4	40.4	
	39	城市生活垃圾无害化处理率	3	100.0	

附表 2-9　2012 年广西全面建成小康社会指标实现程度（按西部地区达标要求）

分类指标	序号	具体指标	权重	具体指标实现程度（%）	分类指标实现程度（%）
经济发展 （权重22）	1	人均GDP（2010年不变价）	4	24.9	64.9
	2	第三产业增加值占GDP比重	2	67.3	
	3	居民消费支出占GDP比重	2.5	100.0	
	4	R&D经费支出占GDP比重	1.5	34.1	
	5	每万人口发明专利拥有量	1.5	18.4	
	6	工业生产率（工业劳动生产率）	2.5	100.0	
	7	互联网普及率	2.5	76.0	
	8	城镇人口比重	3	79.1	
	9	农业劳动生产率	2.5	75.0	
民主法制 （权重14）	10	基层民主参选率	3.5	97.1	82.6
	11	每万名公务人员检察机关立案人数	3.5	100.0	
	12	社会安全指数	4	83.1	
	13	每万人口拥有律师数	3	44.8	
文化建设 （权重14）	14	文化及相关产业增加值占GDP比重	3	52.0	63.4
	15	人均公共文化财政支出	2.5	48.6	
	16	有线广播电视入户率	3	68.2	
	17	每万人口拥有"三馆一站"公用房屋建筑面积	2.5	88.3	
	18	城乡居民文化娱乐服务支出占家庭消费支出比重	3	61.7	
人民生活 （权重28）	19	城乡居民人均收入（2010年不变价）	4	32.3	81.8
	20	地区人均基本公共服务支出差异系数	1.5	100.0	
	21	失业率（3~6）	2	100.0	
	22	恩格尔系数	2	97.2	
	23	基尼系数	1.5	100.0	

续表

分类指标	序号	具体指标	权重	具体指标实现程度（%）	分类指标实现程度（%）
人民生活 （权重28）	24	城乡居民收入比（1~2.8）	1.5	66.0	81.8
	25	城乡居民家庭人均住房面积达标率	2	92.8	
	26	公共交通服务指数	2	80.8	
	27	平均预期寿命	2	99.5	
	28	平均受教育年限	2	87.6	
	29	每千人口拥有执业医师数	1.5	85.6	
	30	基本社会保险覆盖率	3	81.6	
	31	农村自来水普及率	1.5	82.3	
	32	农村卫生厕所普及率	1.5	100.0	
资源环境 （权重22）	33	单位GDP能耗（2010年不变价）	3	91.5	78.8
	34	单位GDP水耗（2010年不变价）	3	45.1	
	35	单位GDP建设用地占用面积（2010年不变价）	3	78.8	
	36	单位GDP二氧化碳排放量（2010年不变价）	2	100.0	
	37	环境质量指数	4	98.8	
	38	主要污染物排放强度指数	4	48.3	
	39	城市生活垃圾无害化处理率	3	100.0	

附表2-10 2013年广西全面建成小康社会指标实现程度（按西部地区达标要求）

分类指标	序号	具体指标	权重	具体指标实现程度（%）	分类指标实现程度（%）
经济发展 （权重22）	1	人均GDP（2010年不变价）	4	37.6	70.7
	2	第三产业增加值占GDP比重	2	80.0	
	3	居民消费支出占GDP比重	2.5	100.0	
	4	R&D经费支出占GDP比重	1.5	33.9	
	5	每万人口发明专利拥有量	1.5	26.3	
	6	工业生产率（工业劳动生产率）	2.5	100.0	
	7	互联网普及率	2.5	84.2	
	8	城镇人口比重	3	81.5	
	9	农业劳动生产率	2.5	80.0	

分类指标	序号	具体指标	权重	具体指标实现程度（%）	分类指标实现程度（%）
民主法制 （权重14）	10	基层民主参选率	3.5	97.3	83.8
	11	每万名公务人员检察机关立案人数	3.5	100.0	
	12	社会安全指数	4	83.4	
	13	每万人口拥有律师数	3	49.6	
文化建设 （权重14）	14	文化及相关产业增加值占 GDP 比重	3	55.2	67.1
	15	人均公共文化财政支出	2.5	52.8	
	16	有线广播电视入户率	3	76.3	
	17	每万人口拥有"三馆一站"公用房屋建筑面积	2.5	91.3	
	18	城乡居民文化娱乐服务支出占家庭消费支出比重	3	61.7	
人民生活 （权重28）	19	城乡居民人均收入（2010 年不变价）	4	34.4	86.1
	20	地区人均基本公共服务支出差异系数	1.5	100.0	
	21	失业率（3～6）	2	100.0	
	22	恩格尔系数	2	100.0	
	23	基尼系数	1.5	100.0	
	24	城乡居民收入比（1～2.8）	1.5	100.0	
	25	城乡居民家庭人均住房面积达标率	2	99.0	
	26	公共交通服务指数	2	83.7	
	27	平均预期寿命	2	99.9	
	28	平均受教育年限	2	88.6	
	29	每千人口拥有执业医师数	1.5	84.6	
	30	基本社会保险覆盖率	3	88.7	
	31	农村自来水普及率	1.5	91.1	
	32	农村卫生厕所普及率	1.5	100.0	
资源环境 （权重22）	33	单位 GDP 能耗（2010 年不变价）	3	92.9	82.6
	34	单位 GDP 水耗（2010 年不变价）	3	49.4	
	35	单位 GDP 建设用地占用面积（2010 年不变价）	3	89.8	
	36	单位 GDP 二氧化碳排放量（2010 年不变价）	2	100.0	
	37	环境质量指数	4	99.1	
	38	主要污染物排放强度指数	4	56.2	
	39	城市生活垃圾无害化处理率	3	100.0	

附表 2 - 11　2014 年广西全面建成小康社会指标实现程度（按西部地区达标要求）

分类指标	序号	具体指标	权重	具体指标实现程度（%）	分类指标实现程度（%）
经济发展（权重22）	1	人均 GDP（2010 年不变价）	4	49.3	75.2
	2	第三产业增加值占 GDP 比重	2	84.0	
	3	居民消费支出占 GDP 比重	2.5	100.0	
	4	R&D 经费支出占 GDP 比重	1.5	32.3	
	5	每万人口发明专利拥有量	1.5	39.9	
	6	工业生产率（工业劳动生产率）	2.5	100.0	
	7	互联网普及率	2.5	87.1	
	8	城镇人口比重	3	83.6	
	9	农业劳动生产率	2.5	85.0	
民主法制（权重14）	10	基层民主参选率	3.5	97.5	84.7
	11	每万名公务人员检察机关立案人数	3.5	100.0	
	12	社会安全指数	4	83.7	
	13	每万人口拥有律师数	3	53.5	
文化建设（权重14）	14	文化及相关产业增加值占 GDP 比重	3	60.0	73.9
	15	人均公共文化财政支出	2.5	72.1	
	16	有线广播电视入户率	3	83.0	
	17	每万人口拥有"三馆一站"公用房屋建筑面积	2.5	92.3	
	18	城乡居民文化娱乐服务支出占家庭消费支出比重	3	65.0	
人民生活（权重28）	19	城乡居民人均收入（2010 年不变价）	4	48.5	89.1
	20	地区人均基本公共服务支出差异系数	1.5	100.0	
	21	失业率（3~6）	2	100.0	
	22	恩格尔系数	2	100.0	
	23	基尼系数	1.5	100.0	
	24	城乡居民收入比（1~2.8）	1.5	99.9	
	25	城乡居民家庭人均住房面积达标率	2	99.2	
	26	公共交通服务指数	2	86.0	
	27	平均预期寿命	2	100.0	
	28	平均受教育年限	2	90.5	
	29	每千人口拥有执业医师数	1.5	93.3	
	30	基本社会保险覆盖率	3	90.3	
	31	农村自来水普及率	1.5	92.4	

分类指标	序号	具体指标	权重	具体指标实现程度（%）	分类指标实现程度（%）
人民生活（权重28）	32	农村卫生厕所普及率	1.5	100.0	89.1
资源环境（权重22）	33	单位 GDP 能耗（2010 年不变价）	3	97.0	85.6
	34	单位 GDP 水耗（2010 年不变价）	3	54.7	
	35	单位 GDP 建设用地占用面积（2010 年不变价）	3	91.7	
	36	单位 GDP 二氧化碳排放量（2010 年不变价）	2	100.0	
	37	环境质量指数	4	99.2	
	38	主要污染物排放强度指数	4	64.1	
	39	城市生活垃圾无害化处理率	3	100.0	

附表 2－12　2015 年广西全面建成小康社会指标实现程度（按西部地区达标要求）

分类指标	序号	具体指标	权重	具体指标实现程度（%）	分类指标实现程度（%）
经济发展（权重22）	1	人均 GDP（2010 年不变价）	4	61.4	81.2
	2	第三产业增加值占 GDP 比重	2	86.4	
	3	居民消费支出占 GDP 比重	2.5	100.0	
	4	R&D 经费支出占 GDP 比重	1.5	33.2	
	5	每万人口发明专利拥有量	1.5	66.0	
	6	工业生产率（工业劳动生产率）	2.5	100.0	
	7	互联网普及率	2.5	95.1	
	8	城镇人口比重	3	85.6	
	9	农业劳动生产率	2.5	90.0	
民主法制（权重14）	10	基层民主参选率	3.5	97.7	85.9
	11	每万名公务人员检察机关立案人数	3.5	100.0	
	12	社会安全指数	4	84.0	
	13	每万人口拥有律师数	3	58.3	
文化建设（权重14）	14	文化及相关产业增加值占 GDP 比重	3	64.0	78.9
	15	人均公共文化财政支出	2.5	82.4	
	16	有线广播电视入户率	3	89.7	
	17	每万人口拥有"三馆一站"公用房屋建筑面积	2.5	93.3	
	18	城乡居民文化娱乐服务支出占家庭消费支出比重	3	68.3	

分类指标	序号	具体指标	权重	具体指标实现程度（%）	分类指标实现程度（%）
人民生活（权重28）	19	城乡居民人均收入（2010年不变价）	4	61.1	91.7
	20	地区人均基本公共服务支出差异系数	1.5	100.0	
	21	失业率（3~6）	2	99.9	
	22	恩格尔系数	2	100.0	
	23	基尼系数	1.5	100.0	
	24	城乡居民收入比（1~2.8）	1.5	100.0	
	25	城乡居民家庭人均住房面积达标率	2	99.3	
	26	公共交通服务指数	2	88.3	
	27	平均预期寿命	2	100.0	
	28	平均受教育年限	2	92.4	
	29	每千人口拥有执业医师数	1.5	97.4	
	30	基本社会保险覆盖率	3	91.9	
	31	农村自来水普及率	1.5	93.7	
	32	农村卫生厕所普及率	1.5	100.0	
资源环境（权重22）	33	单位GDP能耗（2010年不变价）	3	100.0	88.5
	34	单位GDP水耗（2010年不变价）	3	60.5	
	35	单位GDP建设用地占用面积（2010年不变价）	3	93.7	
	36	单位GDP二氧化碳排放量（2010年不变价）	2	100.0	
	37	环境质量指数	4	99.3	
	38	主要污染物排放强度指数	4	72.0	
	39	城市生活垃圾无害化处理率	3	100.0	

附件3：国家统计局制定的《全面建成小康社会统计监测指标体系》

　　2002年党的"十六大"报告指出：我国总体上达到的小康社会还是"低水平的、不全面的、发展很不平衡的小康"。明确提出在2020年实现建设全面小康社会目标，即经济更加发展、民主更加健全、科教更加进步、文化更加繁荣、社会更加和谐、人民生活更加殷实。2003年，国家统计局《农村全面小康标准研究》课题组提出了由经济发展、社会发展、人口素质、生活质量、民主法制和资源环境六大类共18项指标构成的农村全面小康社会评价标准。浙江大学卡特中心课题组也提出了一套我国农村全面建设小康社会的评价指标体系。2008年6月，国家统计局贯彻"十七大"精神，按照当时全面建设小康社会总体要求，制定了《全面建设小康社会统计监测方案》，整个指标体系由经济发展、社会和谐、生活质量、民主法制、文化教育和资源环境六大方面23项指标组成。党的"十八大"又提出全面建成小康社会"两个翻番"目标，并包括经济持续健康发展，人民民主不断扩大，文化软实力显著增强，人民生活水平全面提高，资源节约型、环境友好型社会建设取得重大进展的五个方面新要求。2013年10月，国家统计局按照全面建成小康社会总体要求，制定了各地区（省级）《全面建成小康社会统计监测指标体系》，整个指标体系由经济发展、民主法制、文化建设、人民生活和资源环境五大方面39项指标组成。

附表 3-1　全国统一标准方案（全国及各地区统一目标值）

	监测指标		权重	目标值
经济发展	1. 人均 GDP（2010 年不变价）（元）		4.0	≥57000
	2. 第三产业增加值占 GDP 比重（%）		2.0	≥47
	3. 居民消费支出占 GDP 比重（%）		2.5	≥36
	4. R&D 经费支出占 GDP 比重（%）		1.5	≥2.5
	5. 每万人口发明专利拥有量（件）		1.5	≥3.5
	6. 工业劳动生产率（万元/人）		2.5	≥12
	7. 互联网普及率（%）		2.5	≥50
	8. 城镇人口比重（%）		3.0	≥60
	9. 农业劳动生产率（万元/人）		2.5	≥2
民主法制	10. 基层民主参选率（%）		3.5	≥95
	11. 每万名公务人员检察机关立案人数（人/万人）		3.5	≤8
	12. 社会安全指数	每万人口刑事犯罪人数（%）	4.0	= 100
		每万人口交通事故死亡人数（%）		
		每万人口火灾事故死亡人数（%）		
		每万人口工伤事故死亡人数（%）		
	13. 每万人口拥有律师数（人）		3.0	≥2.3
文化建设	14. 文化及相关产业增加值占 GDP 比重（%）		3.0	≥5
	15. 人均公共文化财政支出（元）		2.5	≥200
	16. 有线广播电视入户率（%）		3.0	≥60
	17. 每万人口拥有"三馆一站"公用房屋建筑面积（平方米）		2.5	≥450
	18. 城乡居民文化娱乐服务支出占家庭消费支出比重（%）		3.0	≥6

监测指标		权重	目标值
19. 城乡居民人均收入（2010 年不变价）（元）		4.0	≥25000
20. 地区人均基本公共服务支出差异系数（%）		1.5	≤40
21. 失业率（%）		2.0	≤6
22. 恩格尔系数（%）		2.0	≤40
23. 基尼系数		1.5	≤0.4
24. 城乡居民收入比（以农为 1）		1.5	≤2.8
25. 城乡居民家庭住房面积达标率（%）		2.0	≥60
26. 公共交通服务指数	每万人拥有公共交通车辆（标台）	2.0	=100
	行政村客运班线通达率（%）		
27. 平均预期寿命（岁）		2.0	≥76
28. 平均受教育年限（年）		2.0	≥10.5
29. 每千人口拥有执业医师数（人）		1.5	≥1.95
30. 基本社会保险覆盖率（%）		3.0	≥95
31. 农村自来水普及率（%）		1.5	≥80
32. 农村卫生厕所普及率（%）		1.5	≥75
33. 单位 GDP 能耗（2010 年不变价）（吨标准煤/万元）		3.0	≤0.6
34. 单位 GDP 水耗（2010 年不变价）（立方米/万元）		3.0	≤110
35. 单位 GDP 建设用地占用面积（2010 年不变价）（公顷/亿元）		3.0	≤60
36. 单位 GDP 二氧化碳排放量（2010 年不变价）（吨/万元）		2.0	≤2.5
37. 环境质量指数	PM2.5 达标天数比例（%）	4.0	=100
	地表水达标率（%）		
	森林覆盖率（%）		
	城市建成区绿化覆盖率（%）		
38. 主要污染物排放强度指数	单位 GDP 化学需氧量排放强度（%）	4.0	=100
	单位 GDP 二氧化硫排放强度（%）		
	单位 GDP 氨氮排放强度（%）		
	单位 GDP 氮氧化物排放强度（%）		
39. 城市生活垃圾无害化处理率（%）		3.0	≥85

（人民生活：指标 19—32；资源环境：指标 33—39）

注：①全国单位 GDP 二氧化碳排放暂无数据，待有关部门公布时再纳入计算。②复合指标环境质量指数中的 PM2.5 达标天数比例暂无数据，用城市空气质量达到二级以上天数占全年比重代替。③各地区单位 GDP 二氧化碳排放量、基尼系数、每万名公务人员检察机关立案人数、人均基本公共服务支出差异系数数据无法取得，未纳入计算。

附表 3-2　东中西部地区差异化评价方案（东中西部不同目标值）

	监测指标		权重	东部地区目标值	中部地区目标值	西部地区目标值
	1. GDP（2010 年不变价）（亿元）		4.0	比 2010 年翻一番		
	2. 第三产业增加值占 GDP 比重（%）		2.0	≥50	≥47	≥45
	3. 居民消费支出占 GDP 比重（%）		2.5	≥36		
	4. R&D 经费支出占 GDP 比重（%）		1.5	≥2.7	≥2.3	≥2.2
经济发展	5. 每万人口发明专利拥有量（件）		1.5	≥4	≥3.2	≥3.0
	6. 工业劳动生产率（万元/人）		2.5	≥12		
	7. 互联网普及率（%）		2.5	≥55	≥50	≥45
	8. 城镇人口比重（%）		3.0	≥65	≥60	≥55
	9. 农业劳动生产率（万元/人）		2.5	≥2		
	10. 基层民主参选率（%）		3.5	≥95		
	11. 每万名公务人员检察机关立案人数（人/万人）		3.5	≤8		
民主法制	12. 社会安全指数	每万人口刑事犯罪人数(%)	4.0	=100		
		每万人口交通事故死亡人数(%)				
		每万人口火灾事故死亡人数(%)				
		每万人口工伤事故死亡人数(%)				
	13. 每万人口拥有律师数（人）		3.0	≥2.3		
	14. 文化及相关产业增加值占 GDP 比重（%）		3.0	≥5		
	15. 人均公共文化财政支出（元）		2.5	≥200		
文化建设	16. 有线广播电视入户率（%）		3.0	≥60		
	17. 每万人口拥有"三馆一站"公用房屋建筑面积(平方米)		2.5	≥450		
	18. 城乡居民文化娱乐服务支出占家庭消费支出比重(%)		3.0	≥6		
	19. 城乡居民人均收入（2010 年不变价）（元）		4.0	比 2010 年翻一番		
	20. 地区人均基本公共服务支出差异系数（%）		1.5	≤40		
	21. 失业率（%）		2.0	≤6		
	22. 恩格尔系数（%）		2.0	≤40		
	23. 基尼系数		1.5	≤0.4		
人民生活	24. 城乡居民收入比（以农为1）		1.5	≤2.6	≤2.8	≤3.0
	25. 城乡居民家庭人均住房面积达标率（%）		2.0	≥60		
	26. 公共交通服务指数	每万人拥有公共交通车辆（标台）	2.0	=100		
		行政村客运班线通达率（%）				
	27. 平均预期寿命（岁）		2.0	≥76		

续表

监测指标		权重	东部地区目标值	中部地区目标值	西部地区目标值
人民生活	28. 平均受教育年限（年）	2.0	≥10.5		
	29. 每千人口拥有执业医师数（人）	1.5	≥1.95		
	30. 基本社会保险覆盖率（%）	3.0	≥97	≥95	≥93
	31. 农村自来水普及率（%）	1.5	≥85	≥80	≥75
	32. 农村卫生厕所普及率（%）	1.5	≥80	≥75	≥70
资源环境	33. 单位 GDP 能耗（2010 年不变价）（吨标准煤/万元）	3.0	≤0.55	≤0.62	≤0.65
	34. 单位 GDP 水耗（2010 年不变价）（立方米/万元）	3.0	≤105	≤110	≤115
	35. 单位 GDP 建设用地占用面积（2010 年不变价）（公顷/亿元）	3.0	≤55	≤62	≤65
	36. 单位 GDP 二氧化碳排放量（2010 年不变价）（吨/万元）	2.0	—		
	37. 环境质量指数 — PM2.5 达标天数比例（%） / 地表水达标率（%） / 森林覆盖率（%） / 城市建成区绿化覆盖率（%）	4.0	=100		
	38. 主要污染物排放强度指数 — 单位 GDP 化学需氧量排放强度（%） / 单位 GDP 二氧化硫排放强度（%） / 单位 GDP 氨氮排放强度（%） / 单位 GDP 氮氧化物排放强度（%）	4.0	=100		
	39. 城市生活垃圾无害化处理率（%）	3.0	≥90	≥85	≥80

注：①东部地区包括：北京、天津、河北、辽宁、上海、江苏、浙江、福建、山东、广东、海南 11 个省（市）；中部地区包括：山西、吉林、黑龙江、安徽、江西、河南、湖北、湖南 8 个省；西部地区包括：内蒙古、广西、重庆、四川、贵州、云南、西藏、陕西、甘肃、青海、宁夏、新疆 12 个省（区、市）。②复合指标环境质量指数中的 PM2.5 达标天数比例暂无数据，用城市空气质量达到二级以上天数占全年比重代替。③各地区单位 GDP 二氧化碳排放量、基尼系数、每万名公务人员检察机关立案人数、人均基本公共服务支出差异系数数据无法取得，未纳入计算。

附件 4:《江苏全面建成小康社会指标体系（2013 年修订，试行）》解读

为了更好地发挥指标体系的导向、激励和监测作用，真正使江苏"两个率先"成果具有更高质量、更高水平、更高满意度，日前江苏省正式发布《江苏全面建成小康社会指标体系（2013 年修订，试行）》（以下简称《小康指标体系》）。

一、编制的背景与意义

江苏省于 2003 年制定出台《江苏省全面建设小康社会主要指标》，对"两个率先"进程起到了重要的导向、激励和监测作用，实践表明是推进科学发展、促进工作落实的有效方法。随着科学发展观的深入贯彻落实，特别是党的十八大对实现全面建成小康社会目标提出了新要求，习近平总书记在全国"两会"期间对江苏工作提出了新要求，有必要对江苏省相关指标体系进行进一步的修订。在进行了深入的研究论证，并广泛征求了省内外专家及各地各部门意见的基础上，对原省定全面建设小康社会指标体系（2003 年制定）进行修订，形成了《小康指标体系》。

二、指标体系调整情况

此次对小康社会指标体系进行了较大幅度的修改调整，由原来的四大类 18 项 25 个指标扩展到五大类 22 项 36 个指标。一是新增了部分指标，主要包括现代农业发展水平、文化产业增加值占 GDP 比重、单位 GDP 能耗、城乡居民收入达标人口比例等；二是强化了部分指标，主要包括研发经费指出占 GDP 比重、城镇化率、居民收入水平等；三是替换了部分指标，替换成信息化发展水平、居民住房成套比例、现代教育发展水平等。

三、指标解释及计算方法

《小康指标体系》的 22 项 36 个指标，具体为经济发展 6 项、权重 26 分，人民生活 5 项、权重 22 分，社会发展 5 项、权重 22 分，民主法治 3 项、权重 12 分，生态环境 3 项、权重 18 分。另设 1 项评判指标，即人民群众对全面建成小康社会成果的满意度，作为综合评判的必达指标。

（1）人均地区生产总值（元），指一定时期内按平均常住人口计算的地区生

产总值。指标值按 2010 年可比价计算。地区生产总值（GDP）是指一个国家（或地区）所有常住单位在一定时期内生产活动的最终成果。

计算公式：

人均地区生产总值 = GDP/年平均常住人口

资料来源：统计部门。

（2）第二、第三产业增加值占 GDP 的比重（%），指第二产业、第三产业实现的增加值之和在全部地区生产总值中所占的比重。

我国的三次产业划分是：

第一产业：农业（即农林牧渔业）。

第二产业：工业（包括采矿业、制造业、电力燃气及水的生产和供应业、建筑业）。

第三产业：除第一、第二产业以外的其他各行业。

计算公式：

第二、第三产业增加值占 GDP 的比重 = （第二产业增加值 + 第三产业增加值）/地区生产总值（GDP）×100%

资料来源：统计部门。

（3）城镇化率（%），指一个地区城镇常住人口占该地区常住总人口的比重。

计算公式：

城镇化率 = 年末城镇常住人口/年末常住总人口×100%

资料来源：统计部门。

（4）信息化发展水平（%），该指标是评价一个地区国民经济和社会信息化发展水平的综合性指标，衡量利用信息技术来创造、获取、使用和分享信息和知识的能力，以及信息化发展对社会经济发展的推动作用。信息化发展水平由五个分类指数构成：基础设施指数、产业技术指数、知识支撑指数、应用消费指数、发展效果指数。

计算公式：

信息化发展水平 = 基础设施指数×20% + 产业技术指数×20% + 知识支撑指数×20% + 应用消费指数×20% + 发展效果指数×20%

资料来源：经信部门。

（5）现代农业发展水平（%）。以江苏省农业基本现代化指标体系监测综合得分作为指标值。该指标反映农业现代化程度，从农业产出效益、科技进步、产业经营、设施装备、生态环境、支持保障 6 个方面综合反映现代农业发展状况。

资料来源：统计部门。

（6）研发经费支出占 GDP 比重（%），指用于研究与试验发展（R&D）活动的经费占地区生产总值（GDP）的比重。研究与试验发展（R&D）活动包括基础研究、应用研究、试验发展三类活动。

计算公式：

研发经费支出占 GDP 比重 = 研发经费支出/GDP × 100%

资料来源：统计部门、科技部门。

（7）居民收入水平，包括城镇居民人均可支配收入、农村居民人均纯收入、城乡居民收入达标人口比例 3 个子项。

1）城镇居民人均可支配收入（元），指将家庭总收入扣除缴纳的个人所得税、个人缴纳的各项社会保障支出和调查户记账补贴后的人均收入。家庭总收入只包括城镇居民以现金形式获得的收入。

2）农村居民人均纯收入（元），指按人口平均计算的农村住户当年从各个来源得到的总收入相应地扣除有关费用性支出后的收入总和。包括货币收入和自产自用的实物收入，不包括向银行、信用社和向亲友借款等属于借贷性的收入。

3）城乡居民收入达标人口比例（%），指城镇居民人均可支配收入达到或超过目标值（46000 元）的人口和农村居民人均纯收入达到或超过目标值（20000 元）的人口占总人口的比例。

计算公式：

城乡居民收入达标人口比例 = （城镇居民人均可支配收入达标人口数 + 农村居民人均纯收入达标人口数）/总人口数 × 100%

资料来源：调查总队、统计部门。

（8）居民住房水平，包括城镇家庭成套住房比例和农村家庭成套住房比例 2 个子项。成套住房是指室外配套设施（道路、水、电、气等）和室内居住功能（具备卧室、起居室、厨房、卫生间等基本空间）基本齐全的住房。

计算公式：

1）城镇家庭成套住房比例 = 城镇国有土地上登记的成套住房面积/城镇国有土地上登记的住宅总面积 × 100%。

2）农村家庭成套住房比例 = 农村家庭成套住房面积/农村家庭住宅总面积 × 100%。

农村家庭成套住房面积 = 混合结构以上的住宅建筑面积 × 配套设施达标比例。满足配套设施达标的住宅需同时满足以下条件：以行政村为单位，城乡统筹区域供水农户覆盖率、生活污水处理覆盖率、生活垃圾集中收运率均达到 90% 以上；道路满足基本出行需求比例达 100%。

资料来源：住建部门。

（9）公共交通服务水平，包括城市万人公交车拥有量和行政村客运班线通达率 2 个子项。

1）城市万人公交车拥有量（标台），指城市每万人平均拥有的公共交通车辆标台数。

计算公式：

城市万人公交车拥有量＝城市公共交通车辆标台数/城市人口数

2）行政村客运班线通达率（％），指农村通客运班线的行政村个数占行政村总数的比重。

计算公式：

行政村客运班线通达率＝（通客运班线的行政村个数/行政村总数）×100％

资料来源：交通部门。

（10）城镇登记失业率（％）。指期末城镇登记失业人数占期末城镇从业人员总数与城镇登记失业人数之和的比重。城镇登记失业人员：指非农业人口，在劳动年龄（16周岁至退休年龄）内，有劳动能力、无业而要求就业、并在当地就业服务机构进行求职登记的人员。

计算公式：

年末城镇登记失业率＝年末城镇登记失业人数/（年末城镇从业人员总数＋年末城镇登记失业人数）×100％

资料来源：人社部门。

（11）恩格尔系数（％），指居民用于食品消费的支出占生活消费支出的比重。食品消费支出是指居民用于主食、副食、其他食品以及在外饮食的支出总和。

计算公式：

恩格尔系数＝（城镇食品支出/消费性支出×100％）×城镇化率＋（农村食品支出/消费性支出×100％）×（1－城镇化率）

资料来源：调查总队、统计部门。

（12）现代教育发展水平（％），以江苏省教育现代化指标体系监测综合得分作为指标值。该指标反映教育现代化程度，从教育普及度、教育公平度、教育质量度、教育开放度、教育保障度、教育统筹度、教育贡献度和教育满意度8个方面综合反映现代教育发展状况。

资料来源：教育部门。

（13）基本社会保障，包括城乡基本养老保险覆盖率、城乡基本医疗保险覆盖率、失业保险覆盖率、城镇住房保障体系健全率、每千名老人拥有养老床位数5个子项。

1）城乡基本养老保险覆盖率（％），指参加企业职工基本养老保险、机关事业单位社会养老保险、城镇居民养老保险、新型农村社会养老保险、被征地农民社会保障参保人数之和占应参保人数的比重。

计算公式：

城乡基本养老保险覆盖率＝（企业职工基本养老保险参保人数＋机关事业单位社会养老保险参保人数＋城镇居民养老保险参保人数＋新型农村社会养老保险参保人数＋被征地农民社会保障参保人数）/应参保人数×100%

资料来源：人社部门。

2）城乡基本医疗保险覆盖率（%），指参加城镇职工基本医疗保险、城镇居民医疗保险（不含城镇居民参加新农合人数）以及参加新型农村合作医疗人数之和占应参保人数的比重。

计算公式：

城乡基本医疗保险覆盖率＝（城镇职工基本医疗保险参保人数＋城镇居民医疗保险参保人数－城镇居民参加新农合人数＋参加新型农村合作医疗人数）/应参保人数×100%

资料来源：人社部门、卫生部门。

3）失业保险覆盖率（%），指失业保险参保人数占应参保人数的比重。失业保险覆盖范围：各类企业、民办非企业单位和与之形成劳动关系的人员，个体经济组织及其雇工，国家机关、事业单位、社会团体和与之建立劳动合同关系的人员，法律、法规规定应当参加失业保险的其他单位和人员。

计算公式：

失业保险覆盖率＝失业保险参保人数/应参保人数×100%

资料来源：人社部门。

4）城镇住房保障体系健全率（%），该指标包括新增保障性住房完成率、城镇保障性住房覆盖率、各类棚户和危旧房片区改造覆盖率、住房保障制度完善率、住房保障管理服务网络健全率、住房保障信息化管理达标率和住房公积金覆盖率七项内容。对各单项指标分别赋权重加总合成。

计算公式：

城镇住房保障体系健全率＝年度保障性住房建设完成率（15%）＋城镇保障性住房覆盖率（20%）＋各类棚户区和危旧房片区改造覆盖率（15%）＋住房公积金覆盖率（20%）＋住房保障制度完善率（10%）＋住房保障管理服务网络健全率（10%）＋住房保障信息化管理达标率（10%）

资料来源：住建部门。

5）每千名老人拥有养老床位数（张），指每千名老人平均拥有的各类养老床位数。

计算公式：

每千名老人拥有养老床位数＝公办、民办以及社会各类养老服务机构拥有床位数（含社区服务中心、居家养老服务中心等养老床位数）总和/60周岁以上常

住人口数×1000

资料来源：民政部门。

（14）文化产业增加值占 GDP 比重（%），指文化及相关产业创造的增加值与 GDP 之比。

计算公式：

文化产业增加值占 GDP 比重 = 文化产业增加值/GDP×100%

资料来源：统计部门。

（15）人均拥有公共文化体育设施面积（平方米），指按照本地区常住人口计算的每人拥有公共文化设施和公共体育设施的面积。

计算公式：

人均拥有公共文化体育设施面积 =（公共文化设施面积 + 公共体育设施面积）/年末常住人口

资料来源：文化部门、体育部门。

（16）每千人拥有医生数（人），指一个地区平均每千人拥有的在岗执业（助理）医师数。

计算公式：

每千人拥有医生数 = 年末在岗执业（助理）医师数/年末常住人口×1000

资料来源：卫生部门。

（17）党风廉政建设满意度（%），反映党风廉政建设和反腐败的成效，根据党风廉政建设民意调查结果计算所得。

资料来源：纪检部门。

（18）法治和平安建设水平，包括法治建设满意度和公众安全感 2 个子项。

1）法治建设满意度（%），指通过对党政机关在宪法和法律范围内活动、公共权力行使、公民意识与社会秩序、人民群众民主权利和民生保障、法制宣传教育和法治文化等方面的调查，反映人民群众对法治建设成果的满意程度，通过第三方民调机构调查取得。

2）公众安全感（%），既反映公众的安全程度，也反映人民群众对政府和社会管理综合治理各个部门工作绩效的认可程度，通过第三方民调机构调查取得。

资料来源：政法部门。

（19）城乡居民依法自治，包括城镇社区居委会依法自治达标率和农村村委会依法自治达标率 2 个子项。

1）城镇居委会依法自治达标率（%），指按照有关文件要求，达到四民主（即民主选举、民主决策、民主管理、民主监督）、三自我（即自我管理、自我教育、自我服务）要求的居委会所占的比重。

计算公式：

城镇居委会依法自治达标率 = 城镇达标居委会个数/居委会总个数×100%

2）农村村委会依法自治达标率（%），指按照有关文件要求，达到四民主（即民主选举、民主决策、民主管理、民主监督）、三自我（即自我管理、自我教育、自我服务）村委会所占的比重。

计算公式：

农村村委会依法自治达标率 = 农村达标村委会个数/村委会总个数×100%

资料来源：民政部门。

（20）单位 GDP 能耗（吨标煤/万元），指一定时期内能源消费总量与 GDP 的比值。

计算公式：

单位 GDP 能耗 = 能源消费总量/GDP

资料来源：统计部门。

（21）环境质量，包括空气质量达到二级标准的天数比例、地表水好于Ⅲ类水质的比例、城镇污水达标处理率和村庄环境整治达标率 4 个子项。

1）空气质量达到二级标准的天数比例（%），指按国家环保部新颁布的空气质量标准（空气质量指数 AQI）要求，空气质量达到二级标准的天数占全年天数的比例。

计算公式：

空气质量达到二级标准的天数比例 = 空气质量达到二级标准的天数/全年天数×100%

资料来源：环保部门。

2）地表水好于Ⅲ类水质的比例（%），指地表水质达到Ⅰ、Ⅱ、Ⅲ类地表水断面数占监测断面总数的比重。以国家和地方水质监测断面为基础，考核全省及各地优良水质比例。

计算公式：

地表水好于Ⅲ类水质的比例 = 地表水质好于Ⅲ类地表水断面数/监测断面总数×100%

资料来源：环保部门。

3）城镇污水达标处理率（%），指报告期内城镇污水达标处理总量与排放总量的比率。

计算公式：

城镇污水达标处理率 = 城镇污水达标处理总量/城镇污水排放总量×100%

资料来源：住建部门。

4）村庄环境整治达标率（%），指达到村庄环境整治标准的村庄个数占村庄总数的比重。

计算公式：

村庄环境整治达标率＝村庄环境整治达标村庄个数/村庄总数×100%

资料来源：住建部门。

（22）绿化水平，包括林木覆盖率和城镇绿化覆盖率2个子项。

1）林木覆盖率（%），指林木覆盖面积占土地面积的比重。林木覆盖面积包括：郁闭度0.2以上的乔木林地面积和竹林地面积、灌木林地面积、农田林网以及村旁、路旁、水旁、宅旁林木的覆盖面积。土地面积中扣除大于10平方千米的湖泊水面及重盐碱地等面积。

计算公式：

林木覆盖率＝林木覆盖面积/土地面积×100%

资料来源：林业部门。

2）城镇绿化覆盖率（%），指城镇建成区内绿化覆盖面积与建成区总面积的比例。统计范围包括城市、县城、建制镇建成区。

计算公式：

城镇绿化覆盖率＝城市、县城、建制镇建成区绿化覆盖面积之和/城市、县城、建制镇建成区面积之和×100%

资料来源：住建部门。

评判指标：人民群众对全面建成小康社会成果满意度（%）。这是公众参与的主观感受指标，反映人民群众对全面建成小康社会成果的认可程度，委托第三方调查机构，采用问卷、电话访问等抽样调查方式取得。

资料来源：统计部门。

四、指标考核要求

对全省及苏中、苏北地区已经达到原省定全面建设小康社会指标体系要求的市、县（市、部分区），今后用修订后的全面建成小康社会指标体系进行监测评价。对目前尚未达到原省定全面建设小康社会指标体系要求的苏北部分市、县（市、区），仍用原指标体系监测评价，待达标后再用修订后的指标体系进行监测评价。

附表4-1　江苏全面建成小康社会指标体系（2013年修订，试行）

类别	序号	指 标 名 称	目标值	权重	资料来源
经济发展	1	人均地区生产总值（元）	90000	6	省统计局
	2	第二、第三产业增加值占GDP比重（%）	92	3	省统计局
	3	城镇化率（%）	65	3	省统计局
	4	信息化发展水平（%）	80	5	省经信委
	5	现代农业发展水平（%）	85	5	省统计局
	6	研发经费支出占GDP比重（%）	2.5	4	省统计局、省科技厅

续表

类别	序号	指标名称		目标值	权重	资料来源
人民生活	7	居民收入水平	城镇居民人均可支配收入（元）	46000	8	江苏调查总队、省统计局
			农村居民人均纯收入（元）	20000		
			城乡居民收入达标人口比例（%）	>50		
	8	居民住房水平	城镇家庭住房成套比例（%）	90	4	省住建厅
			农村家庭住房成套比例（%）	80		
	9	公共交通服务水平	城市万人公交车拥有量（标台）	15	4	省交通厅
			行政村客运班线通达率（%）	100		
	10	城镇登记失业率（%）		<4	3	省人社厅
	11	恩格尔系数（%）		<40	3	江苏调查总队、省统计局
社会发展	12	现代教育发展水平（%）		85	5	省教育厅
	13	基本社会保障	城乡基本养老保险覆盖率（%）	97	8	省人社厅
			城乡基本医疗保险覆盖率（%）	97		省人厅、省卫生厅
			失业保险覆盖率（%）	97		省人社厅
			城镇住房保障体系健全率（%）	90		省住建厅
			每千名老人拥有养老床位数（张）	32		省民政厅
	14	文化产业增加值占GDP比重（%）		5	3	省统计局
	15	人均拥有公共文化体育设施面积（平方米）		2.3	3	省文厅、省体育局
	16	每千人拥有医生数（人）		2	3	省卫厅、省统计局
民主法治	17	党风廉政建设满意度（%）		80	4	省纪委
	18	法治和平安建设水平	法治建设满意度（%）	80	4	省委政法委
			公众安全感（%）	90		
	19	城乡居民依法自治	城镇居委会依法自治达标率(%)	92	4	省民政厅
			农村村委会依法自治达标率(%)	97		
生态环境	20	单位GDP能耗（吨标准煤/万元）		<0.62	5	省统计局
	21	环境质量	空气质量达到二级标准的天数比例（%）	60	8	省环保厅
			地表水好于Ⅲ类水质的比例（%）	60		省环保厅
			城镇污水达标处理率（%）	90		省住建厅
			村庄环境整治达标率（%）	95		省住建厅
	22	绿化水平	林木覆盖率（%）	22	5	省林业局
			城镇绿化覆盖率（%）	38		省住建厅
评判指标		人民群众对全面建成小康社会成果满意度（%）		70		省统计局

注：①人均地区生产总值目标值为2010年不变价；②涉及人均的指标，按常住人口计算；③城镇化率，县级目标值为55%；④研发经费支出占GDP比重，县级目标值为1.5%；⑤文化产业增加值占GDP比重，县级目标值为3%。

附件5：中共湖南省委 湖南省人民政府关于分类指导加快推进全面建成小康社会的意见

湘康〔2013〕4 号

为深入贯彻落实党的十八大精神，加快实现湖南省全面建成小康社会目标，确保在中部地区率先实现全面小康，现结合湖南省实际，提出如下意见。

一、以分类指导协调推进全面建成小康社会为统揽

近年来，湖南省认真贯彻落实中央决策部署，大力推进经济社会又好又快发展，加快全面小康建设，取得了明显成效。据初步测算，2012 年全省全面小康实现程度达到85.9%，比 2000 年提高 27.7 个百分点，年均提高 2.3 个百分点。但由于受资源禀赋、地理环境、区位交通和历史文化等因素的影响，各地区经济发展不平衡，全面小康进程梯度明显、差距很大。全省各级各部门按照党的十八大"两个翻番"目标和省第十次党代会关于在中部地区率先实现全面小康的要求，以分类指导、协调推进全面建成小康社会统揽经济社会发展全局。这是深入贯彻落实党的十八大精神、实现"两个百年"奋斗目标的必然要求，是现阶段推进"四化两型""四个湖南"建设、推动科学发展的必然选择，是正视区域差距、务实推进全面建成小康社会的重大举措。

（1）指导思想。坚持以邓小平理论、"三个代表"重要思想、科学发展观为指导，深入贯彻落实党的十八大精神，围绕湖南省"两个加快、两个率先"总任务，紧扣"四化两型""四个湖南"建设总战略，按照"三量齐升"总要求，以分类指导加快推进全面建成小康社会为总抓手，更加注重目标引领和具体路径，更加注重因地制宜和协调推进，切实加快全省全面建成小康社会进程，在中部地区率先实现全面小康，努力谱写中国梦的湖南篇章。

（2）基本原则。

——以人为木、共建共享。始终以改善人民生活、促进人的全面发展为根本目的，不断增加城乡居民收入，努力使全省人民群众有更好的教育、更稳定的工作、更可靠的社会保障、更高水平的公共服务、更优美的环境、更幸福的生活，真正实现全面小康。

——三量齐升、优化发展。始终以发展为第一要务，以经济建设为中心，注重实现经济总量、发展质量和人均均量同步提升，注重转型发展、创新发展、统

筹发展、可持续发展、和谐安全发展，着力提高全省经济社会发展的整体性、协调性和可持续性，着力夯实全面小康的物质基础。

——因地制宜、分类施策。根据全省各区域、各市州、各县市区经济社会发展特点和小康建设进程，进一步明确全面小康的目标任务。实行以县市区为主体的全面建成小康社会考评监测，侧重各县市区特点，强化分类指导，解决实际问题，突破重点难点，鼓励发展先进县市区率先建成小康社会、支持发展中等县市区尽快建成小康社会、帮助发展困难县市区如期建成小康社会。

——统筹协调、合力推进。坚持统筹区域发展、统筹城乡发展以及统筹经济、政治、文化、社会和生态文明"五位一体"建设，推进全面小康建设各项工作。协同全省上下各方面的力量共同参与全面小康建设，充分发挥好广大干部群众的积极性、主动性、创造性。鼓励创新争先、能快则快，鼓励后发赶超、竞相发展。

二、实行区域分类指导

（1）区域分类。针对湖南省区域经济发展、区域功能定位和区域全面小康进程等实际，将全省全面小康建设划分为长株潭地区、洞庭湖地区、湘南地区、大湘西地区四大区域板块。据初步测算，四大区域板块 2012 年全面小康实现程度分别为：长株潭地区 93.3%，包括长沙市、株洲市、湘潭市；洞庭湖地区 83.1%，包括岳阳市、常德市、益阳市；湘南地区 78.9%，包括衡阳市、郴州市、永州市；大湘西地区 74.1%，包括邵阳市、娄底市、怀化市、张家界市、湘西自治州。

（2）区域发展目标和重点。坚持把推进全面建成小康社会与实施区域发展战略、促进经济社会持续健康较快发展结合起来，进一步明确四大区域板块发展目标和战略重点。长株潭地区，重点以两型社会试验区建设为引领，构建现代产业体系，推进城市群建设，提高城市化和城乡一体化水平，到 2017 年率先实现全面小康，到 2020 年率先向基本现代化迈进，率先建成全国两型社会建设示范区。洞庭湖地区，紧扣洞庭湖生态经济区规划，大力推进现代农业建设和湖区生态建设，培育壮大特色优势产业，提高工业化和城镇化水平，加快融入长江经济走廊，到 2017 年全面建成小康社会，到 2020 年建成全国农业现代化和生态文明建设示范区。湘南地区，以国家级承接产业转移示范区为平台，大力促进开放开发，积极承接产业转移，推动经济转型发展，加快建成连接粤港澳和东盟的新的经济增长极，到 2017 年全面小康实现程度达到 90% 以上，到 2020 年确保实现全面小康。大湘西地区，以武陵山片区区域发展与扶贫攻坚试点为契机，全面落实国家扶贫开发战略和政策措施，加大集中连片扶贫攻坚力度，促进贫困地区经济社会加快发展，到 2017 年全面小康实现程度达到 85% 以上，到 2020 年基本消除绝对贫困现象，基本实现全面小康目标。

（3）分区域指导工作。根据四大区域板块全面小康建设进程和各自发展特点，加强对区域的分类指导，把推动区域经济社会协调发展与全面小康建设统一起来，把实施国家战略与各区域全面小康建设统一起来，把对区域和市州的指导与市州对县市区的管理统一起来，使推进全面建成小康社会的各项政策措施和责任更好地对接区域板块、对接各市州，更好地调动市州的积极性，更好地发挥市州对县市区的行政领导、组织指导作用。要把组织领导与具体指导结合起来，省里分四大区域板块成立四个指导小组，分别设立办公室，分块指导各责任区的全面小康建设。

三、建立完善以县市区为主体的分类考评指标体系

坚持把县市区作为全面小康建设的主体，实行目标任务到县市区、政策措施到县市区、工作责任到县市区、考评监测到县市区。根据经济发展类型、全面小康实现程度，对接四大区域板块和主体功能区，将全省 122 个县市区分为三大类。第一类为中心城市城区（城镇化率 75% 以上）和长株潭经济强县市，共 27 个县市区，基本对接长株潭地区和重点开发。第二类为城乡复合型县市区，共 47 个县市区，基本对接洞庭湖地区、湘南地区和限制开发区。第三类为国家和省扶贫开发工作重点县，共 48 个县市区，基本对接大湘西地区和重点生态功能区。

为充分体现县级全面小康建设个性特点和分类指导的要求，在国家统一制定的全面建成小康社会指标体系基础上，建立湖南省县级全面建成小康社会考评指标体系。一是考评指标。考评指标体系包括经济发展、人民生活、社会发展、民主法治和生态文明五大项，其中第一类县市区设 22 个考评指标，第二类县市区设 23 个考评指标，第三类县市区设 24 个考评指标。二是目标值。按照中央提出的到 2020 年"两个翻番"的要求进行测定，每个年度设定考评目标值。三是指标权重。"经济发展"指标设定 45 分权重，"人民生活"指标设定 19 分权重，"社会发展"指标设定 15 分权重，"民主法治"指标设定 11 分权重，"生态文明"指标设定 10 分权重。今后，根据实施情况，将增加指标或者减少指标，对个别指标的目标值和权重作适当调整。

四、加强市县两级考评监测工作

（1）市州考评监测。市州是经济社会管理的重要层次，也是全面建成小康社会的重要责任主体。按照国家统一制定的全面小康建设指标体系，确定各市州年度考评的目标值。省委、省人民政府每年根据全面小康实现程度和年度指标的提升幅度，对 14 个市州进行综合考评排名，并以适当方式向全省公布考评结果。对年度考评综合排名前三位的市州，给予通报表彰和奖励；对年度考评排名后三位的市州，要求其说明情况，并提出整改措施。

（2）县级考评监测。省里按照省定的县级全面建成小康社会考评指标体系，对县市区进行考评监测。每年根据年度考评结果进行奖惩。三种类型的县市区分两种情况由省财政给予奖励。一是根据实现程度考评排名，第一类县市区取前两名，第二、第三类县市区分别取前四名；二是根据提高幅度考评排名，第一类县市区取前两名，第二、第三类县市区分别取前四名。对连续三年排第一类县市区取前两名，排第二、第三类县市区前四名的党政领导在提拔任用时给予重点关注、优先考虑。对完成年度建设任务的县市区，在政策、资金和项目等方面给予倾斜。严格执行分级负责制和责任追究制，对未完成目标任务的予以通报批评。对 122 个县市区以外参照县级管理的区，由各市州进行考评。

（3）整合同类考评。按照以全面建成小康社会统揽经济社会发展全局的要求，把全面建成小康社会考评工作作为"牛鼻子"，有效整合其他同类考评项目和力量，凡同一事项，不重复考评，既减少重复检查考评、降低工作成本，又强化全面建成小康社会考评工作的权威性，充分调动各方面积极性。同时，贯彻落实中央关于改革扶贫开发工作重点县考核方式的要求，把对扶贫开发工作重点县的扶贫考核纳入全面建成小康社会考评当中。

五、强化分类指导加快推进全面建成小康社会的保障措施

（1）加强组织领导。分类指导加快推进全面建成小康社会，是湖南省当前和今后一个时期经济社会发展的中心任务，也是一项复杂的系统工程，必须加大推进力度，完善工作机制，强化组织保障。省里成立由省委主要领导任组长，省委、省人大常委会、省政府、省政协有关领导任副组长，省直有关部门主要负责人为成员的全面建成小康社会推进工作领导小组。领导小组下设办公室，负责全面建成小康社会推进工作的综合协调、联络指导、考评监测、奖评督查等具体任务。领导小组办公室由省委政研室牵头，省农办、省人力资源和社会保障厅、省统计局等部门共同参与，实行联合办公，分工负责有关工作。各市州、县市区相应成立全面建成小康社会推进工作班子，形成省、市、县、乡、村联动的推进机制和工作格局。

（2）强化部门责任。各级各部门要按照省里的统一部署，结合各自工作职能，认真落实分类指导加快推进全面建成小康社会的工作责任。各部门要出台相应的工作方案，特别是与全面建成小康社会评价指标直接对应的部门，要进行重点监测，落实推进措施，解决突出问题。要以全面建成小康社会的实现程度和成

效来衡量各相关部门的工作，并与年度绩效评估相挂钩。

（3）完善支持政策。围绕县域经济、"三农"发展和扶贫开发等全面建成小康社会的薄弱方面，完善落实差异化的支持政策。产业政策，重点支持中小微企业、工业园区、农业产业化、承接产业转移和产业转型升级等；财税、金融、用地政策，重点支持关系经济发展和民生改善的城乡基础设施、产业发展、公共服务、资源环境等方面，重点建设项目投入要向县域、向"三农"、向大湘西地区倾斜；扶贫帮困政策，针对湖南省贫困面大、贫困地区小康实现程度低等实际，加大对贫困落后地区和困难群体的政策帮扶力度，继续实施对口扶持；人才科技政策，建立健全激励措施，引导鼓励各类专业人才和科技成果支持"三农"和贫困地区。省直各相关部门要制定政策扶持的具体措施。

（4）加强宣传舆论引导。全省上下要用全面建成小康社会统一步调，凝聚力量。各级宣传部门、新闻媒体要强化正面宣传报道，以群众喜闻乐见的形式宣传全面建成小康社会的成效、经验，推介先进典型，在全社会形成加快推进全面建成小康社会，奋力谱写中国梦湖南篇章的浓厚氛围。

湖南省全面建成小康社会考评县市区分类名单：

第一类：中心城市城区（城镇化率75%以上）和长株潭经济强县市，共计27个。包括芙蓉区、天心区、岳麓区、开福区、雨花区、望城区、长沙县、宁乡县、浏阳市、石峰区、荷塘区、芦淞区、天元区、醴陵市、雨湖区、岳塘区、韶山市、岳阳楼区、武陵区、鹤城区、双清区、珠晖区、蒸湘区、雁峰区、石鼓区、北湖区、娄星区。

第二类：城乡复合发展县市区，共计47个。包括株洲县、攸县、湘潭县、湘乡市、君山区、云溪区、华容县、岳阳县、湘阴县、临湘市、汨罗市、鼎城区、安乡县、津市、临澧县、汉寿县、澧县、桃源县、赫山区、资阳区、沅江市、南县、桃江县、苏仙区、桂阳县、永兴县、嘉禾县、资兴市、临武县、冷水滩区、零陵区、道县、东安县、蓝山县、祁阳县、南岳区、衡阳县、衡山县、耒阳市、衡南县、衡东县、常宁市、大祥区、北塔区、邵东县、冷水江市、洪江市。

第三类：扶贫开发县市区，共计48个。包括吉首市、泸溪县、凤凰县、花垣县、保靖县、古丈县、永顺县、龙山县、永定区、武陵源区、慈利县、桑植县、沅陵县、通道县、麻阳县、辰溪县、新晃县、芷江县、会同县、靖州县、中方县、溆浦县、隆回县、邵阳县、城步县、新宁县、新邵县、武冈市、洞口县、绥宁县、新化县、涟源市、双峰县、平江县、安化县、炎陵县、茶陵县、祁东县、石门县、桂东县、汝城县、宜章县、安仁县、新田县、江华县、宁远县、双牌县、江永县。

附表 5-1 湖南省县市区全面建成小康社会考评指标体系（一类）

类别	序号	指标名称		目标值（2020 年）	权重
经济发展	1	人均地区生产总值（按 2000 年不变价）（元）		≥80000	5
	2	人均财政总收入（元）		≥12000	7
	3	税收占财政总收入的比重（%）		≥85	7
	4	经济结构指数	第二、第三产业增加值占 GDP 比重（%）	≥96	12
			高新技术产业增加值占 GDP 比重（%）	≥30	
			文化产业增加值占 GDP 比重（%）	≥8	
	5	城镇化率（%）		≥65	4
	6	园区规模工业增加值占规模工业增加值比重（%）		≥90	5
	7	金融机构各项贷款增长率（%）		≥100	5
人民生活	8	居民收入水平	城镇居民人均可支配收入（元）	≥50000	7
			农村居民人均纯收入（元）	≥25000	
	9	人均住房使用面积（平方米）		≥32	2
	10	人均储蓄存款（元）		≥32000	3
	11	居民文化娱乐服务消费支出占消费总支出比重（%）		≥18	3
	12	农村居民安全饮水比率（%）		=100	2
	13	行政村客运班线通达率（%）		≥98	2
社会发展	14	社会保障发展水平	基本医疗保险覆盖率（%）	≥90	4
			基本养老服务补贴覆盖率（%）	≥50	
	15	教育发展水平	高中阶段毛入学率（%）	≥95	4
			平均受教育年限（年）	≥11.5	
	16	医疗卫生水平	每千人拥有床位数（张）	≥4	4
			5 岁以下儿童死亡率（%）	≤12	
	17	文化发展水平	人均拥有公共文化体育设施面积（平方米）	≥3	3
民主法治	18	城乡居民依法自治	城镇居委会依法自治达标率（%）	≥90	4
			农村村委会依法自治达标率（%）	≥90	
	19	社会安全指数（%）		=100	7
生态文明	20	单位 GDP 能耗（吨标准煤/万元）		≤0.7	3
	21	环境质量指数	城镇污水处理率（%）	≥75	5
			空气质量达标率（%）	≥95	
			地表水质达标率（%）	=100	
	22	绿化水平	森林资源蓄积量增长率（%）	≥3	2
			城镇建成区绿化覆盖率（%）	≥26	

注：一类县市区城镇化率只考核县市，根据实施情况，将增加或者减少指标，调整个别指标的目标值和权重。

广西与全国同步建成小康社会评价指标研究

附表5－2 湖南省县市区全面建成小康社会考评指标体系（二类）

类别	序号	指标名称		目标值（2020年）	权重
经济发展	1	人均地区生产总值（按2000年不变价）（元）		≥34000	5
	2	人均财政总收入（元）		≥3300	7
	3	税收占财政总收入的比重（%）		≥80	8
	4	经济结构指数	第二、第三产业增加值占GDP比重（%）	≥90	10
			高新技术产业增加值占GDP比重（%）	≥20	
	5	城镇化率（%）		≥60	4
	6	园区规模工业增加值占规模工业增加值比重（%）		≥70	4
	7	金融机构各项贷款增长率（%）		≥100	4
	8	规模以上企业农产品加工产值与农业产值比（%）		≥250	3
人民生活	9	居民收入水平	城镇居民人均可支配收入（元）	≥35000	7
			农村居民人均纯收入（元）	≥16000	
	10	人均住房使用面积（平方米）		≥30	2
	11	人均储蓄存款（元）		≥28000	3
	12	居民文教娱乐服务消费支出占消费总支出比重（%）		≥16	3
	13	农村居民安全饮水比率（%）		=100	2
	14	行政村客运班线通达率（%）		≥95	2
社会发展	15	社会保障发展水平	基本医疗保险覆盖率（%）	≥90	4
			基本养老服务补贴覆盖率（%）	≥50	
	16	教育发展水平	高中阶段毛入学率（%）	≥90	4
			平均受教育年限（年）	≥10.5	
	17	医疗卫生水平	每千人拥有床位数（张）	≥4	4
			5岁以下儿童死亡率（‰）	≤12	
	18	文化发展水平	人均拥有公共文化体育设施面积（平方米）	≥2	3
民主法治	19	城乡居民依法自治	城镇居委会依法自治达标率（%）	≥90	4
			农村村委会依法自治达标率（%）	≥90	
	20	社会安全指数（%）		=100	7
生态文明	21	单位GDP能耗（吨标准煤/万元）		≤0.8	4
	22	环境质量指数	城镇污水处理率（%）	≥70	5
			空气质量达标率（%）	≥95	
			地表水质达标率（%）	=100	
			农村垃圾集中处理率（%）	≥95	
	23	绿化水平	森林资源蓄积量增长率（%）	≥3	1
			城镇建成区绿化覆盖率（%）	≥26	

注：根据实施情况，将增加或者减少指标，调整个别指标的目标值和权重。

附表 5 - 3　湖南省县市区全面建成小康社会考评指标体系（三类）

类别	序号	指标名称		目标值（2020 年）	权重
经济发展	1	人均地区生产总值（按 2000 年不变价）（元）		≥21000	5
	2	人均财政总收入（元）		≥2500	7
	3	税收占财政总收入的比重（%）		≥80	8
	4	第二、第三产业增加值占 GDP 比重（%）		≥85	5
	5	贫困发生率（%）		≤4	4
	6	城镇化率（%）		≥45	5
	7	园区规模工业增加值占规模工业增加值比重（%）		≥50	4
	8	金融机构各项贷款增长率（%）		≥100	4
	9	规模以上企业农产品加工产值与农业产值比（%）		≥140	3
人民生活	10	居民收入水平	城镇居民人均可支配收入（元）	≥28000	7
			农村居民人均纯收入（元）	≥9000	
	11	人均住房使用面积（平方米）		≥23	2
	12	人均储蓄存款（元）		≥24000	2
	13	居民文教娱乐服务消费支出占消费总支出比重（%）		≥14	2
	14	农村居民安全饮水比率（%）		= 100	4
	15	行政村客运班线通达率（%）		≥80	2
社会发展	16	社会保障发展水平	基本医疗保险覆盖率（%）	≥90	5
			基本养老服务补贴覆盖率（%）	≥50	
	17	教育发展水平	高中阶段毛入学率（%）	≥80	4
			平均受教育年限（年）	≥10	
	18	医疗卫生水平	每千人拥有床位数（张）	≥4	4
			5 岁以下儿童死亡率（‰）	≤12	
	19	文化发展水平	人均拥有公共文化体育设施面积（平方米）	≥1	2
民主法治	20	城乡居民依法自治	城镇居委会依法自治达标率（%）	≥90	4
			农村村委会依法自治达标率（%）	≥90	
	21	社会安全指数（%）		= 100	7
生态文明	22	单位 GDP 能耗（吨标准煤/万元）		≤0.8	4
	23	环境质量指数	村镇污水处理率（%）	≥65	5
			空气质量达标率（%）	≥95	
			地表水质达标率（%）	= 100	
			农村垃圾集中处理率（%）	≥80	
	24	绿化水平	森林资源蓄积量增长率（%）	≥3	1
			城镇建成区绿化覆盖率（%）	≥26	

注：根据实施情况，将增加或者减少指标，调整个别指标的目标值和权重。

附件6：中共贵州省委 贵州省人民政府关于以县为单位开展同步小康创建活动的实施意见

按照《中共贵州省委关于认真学习贯彻党的十八大精神为与全国同步全面建成小康社会而奋斗的决定》（黔党发〔2012〕30号）精神，为确保到2020年贵州与全国同步全面建成小康社会，现就以县为单位开展同步小康创建活动，提出以下实施意见。

一、总体要求

（1）指导思想。以邓小平理论、"三个代表"重要思想、科学发展观为指导，紧紧围绕到2020年贵州与全国同步全面建成小康社会，以"实现'531'、县县达小康"为目标，深化改革开放，强化统筹发展，全面提高县域经济社会发展整体性、协调性、可持续性，着力增强县域经济实力和发展活力，着力增加城乡居民收入，着力提升民生保障水平，着力提高生态环境质量，着力加快民主法制、精神文明与和谐社会建设，走追赶型、调整型、跨越式、可持续发展路子，力争县县建成一个不含水分、实实在在、群众得实惠、老百姓认可的全面小康社会。

（2）主要目标。到2020年，全省全面建设小康社会实现程度超过90%，经济发展、生活质量、民主法制、文化教育、社会和谐、生态环境方面均有明显进步；人均生产总值达到31400元（约合5000美元）以上，城镇居民人均可支配收入达到20000元（约合3000美元）以上，农村居民人均可支配收入达到7000元（约合1000美元）以上；努力使全省人民有更好的教育、更稳定的工作、更满意的收入、更可靠的社会保障、更高水平的医疗卫生服务、更舒适的居住条件、更优美的环境、更幸福的生活，人民群众认可度达80%以上。

（3）阶段性目标。第一阶段，到2016年，20个以上县（市、区）率先达到全面小康目标，1个市（自治州）所辖县（市、区）全部达到全面小康目标；第二阶段，到2018年，60个以上县（市、区）达到全面小康目标，2个市（自治州）所辖县（市、区）全部达到全面小康目标；第三阶段，到2020年，力争全省所有县（市、区）达到全面小康目标。

（4）基本原则。坚持统筹协调、合力推进，党委领导、政府负责，市域统筹、县为单位，社会协同、全民参与，注重统筹产业发展和基础设施建设，统筹经济建设与社会发展，统筹城市建设和农村发展，统筹工业发展与生态环境保护，统筹改革发展稳定工作，以全面小康引领经济社会发展；坚持实实在在、群众认可，不以省的全面小康代替县建成全面小康，不以平均数代替大多数，不简单以指标数值代替老百姓直观感受；坚持因地制宜、分类指导，鼓励发展先进县率先达小康，支持发展中等县尽快达小康，帮助发展困难县如期达小康；坚持创新创先、能快则快，鼓励大胆改革开放，勇于增比进位突破，争创一流、竞相发展。

（5）示范建设。两年内，每个市（自治州）要建成1个同步小康创建示范县，每个县（市、区）要建成1个同步小康创建示范乡镇，每个乡镇要建成1个同步小康创建示范村（社区），为同步小康创建树立样板，带动其他县（市、区）以及乡镇、村（社区）及时跟进。

二、重点任务

（1）发展壮大县域经济。各地要因地制宜、突出特色，统筹推进"三化同步"发展，加快培育形成竞争力强的现代特色优势产业体系，大力发展特色工业、山地特色现代农业和现代服务业，培育壮大1~2个县域特色支柱产业，提高工业和服务业增加值占生产总值比重，增强县域经济活力，壮大县域经济实力，夯实同步小康的物质基础。大力发展各具特色的产业园区，加快建设标准厂房，每个县（市、区）建好1个以上省级产业园区和现代高效农业示范园区，培育1个以上年产值亿元以上的骨干企业，大力培育以骨干企业为龙头、中小企业为支撑的企业群体。深入实施"民营经济三年倍增计划""万户小老板工程"和"3个15万元"微型企业培育计划，落实好市场准入、平等待遇、税费优惠等扶持措施，加快提高民营经济占本地经济的比重。坚持新区先行、产城互动和改革突破，高起点统筹谋划县域空间布局，以中心城区、县城为龙头，以建制镇为重点，加快建设各具特色的城市功能区、城市综合体和新型小城镇，让更多农民就地就近转移就业，有序推进农村转移人口市民化，努力实现城镇常住人口基本公共服务全覆盖，加快提高城镇化率。大力发展开放型经济，加强县域内外经济技术交流合作，切实优化投资软环境，实施招商引资倍增计划，提高招商引资合同履约率、资金到位率、项目开工率和投产率，力争固定资产投资三年翻一番。注重依靠创新驱动发展，开展科技富民强县专项行动，加快企业技术中心、科技机构等技术创新平台建设，持续增加科技投入，推进产学研合作、科技成果转化和科学普及，推进产品质量提升和品牌培育，逐步实现县县有"科普馆"、乡乡有"科普站"或"农技站"，提高科学技术进步贡献率。

（2）大力推进基础设施向县以下延伸。各地要全面实施基础设施延伸到村计划，实现所辖建制村（社区）的路网、水网、电网、通信网、互联网、广播电视网、生态环保网全覆盖，有条件的地方覆盖到村民组。着重加快路网建设，切实提高农村道路和客货交通运输的质量和水平，实现县县通高速、村村通油（水泥）路、组组通公路、村村通客车，努力加快村内道路硬化建设；开展水网建设，实施人畜饮水安全工程，实现 20 户以上集中居住的村寨全部通自来水（自流水），解决城乡居民生产生活用水问题；开展电网建设，继续实施城乡供电网络改造工程，全面推进农村电网升级，保障居民生产生活用电，实现城乡用电同网同价；开展通信网、互联网、广播电视网建设，实现电话、互联网、广播电视户户通，全面提高农村信息化水平；开展生态环保网建设，加快城乡污水、垃圾无害化处理设施建设，到"十二五"期末重点流域建制镇和非重点流域 3 万人以上建制镇全部建成污水和垃圾处理设施，加快向所有乡镇延伸，逐步实现行政村有污水和垃圾收集处理设施。

（3）提升城乡居民生活水平。全力实施城乡居民收入倍增计划，力争城乡居民收入每五年翻一番，不断缩小城乡收入差距。推进全民创业和增岗行动计划，每个县（市、区）至少建立 1 个创业孵化园区、1 个小企业创业基地，加强创业培训，支持自主创业，引导和扶持农民工返乡创业，积极帮助下岗失业人员、就业困难人员、伤残人员、零就业家庭成员就业；推进农民增收促进计划，促进农民家庭经营性收入年均增长 10% 以上、工资性收入年均增长 20% 以上，逐步增加农民转移性和财产性收入；积极实施职工增薪、居民理财、减轻负担等增收计划，多渠道增加城乡居民收入。深入推进扶贫开发第一民生工程，大力实施扶贫生态移民工程，继续加强集团帮扶、对口帮扶、党建扶贫和定点扶贫，推行"县为单位，整合资源、区域推进，连片开发"，实施扶贫开发"双十工程"，不断提升产业扶贫和助农增收水平，加快"减贫摘帽"，大幅减少贫困人口。坚持全覆盖、保基本、多层次、可持续的方针，大力推进城乡医疗、养老、低保、失业和住房"五项保障制度"的全覆盖，逐步提升基本社会保障水平。

（4）加速发展文化教育卫生事业。大力实施"9＋3"义务教育及三年免费中等职业教育计划，每个县（市、区）都要健全"控辍保学"工作长效机制，推进九年义务教育均衡发展，优化农村义务教育资源布局，加快农村寄宿制学校建设，加快县城和市区义务教育阶段学校建设，解决好留守儿童和农民工子女入学问题；至少办好 1 所规范的中等职业技术学校，每个乡镇办好 1 所公办幼儿园，提升教育供给能力和质量；到 2015 年，以县为单位小学生、初中生辍学率分别控制在 2% 和 3% 以内，九年义务教育巩固率达到 85%，基本普及高中阶段教育，到 2020 年九年义务教育巩固率和高中阶段毛入学率均达到国家标准。推进文化惠民，繁荣社区文化、企业文化、校园文化、乡村文化，实现县县有文化馆、图书馆、影剧院，乡乡有综合文化站，村村（社区）有文化活动室，建立健全政府购买公共文化服务和产品的制度，扩大图书馆、文化馆、博物馆、纪念馆等文化设施免费开放，开展文化下乡、下基层活动，加快文化产业发展，提供更丰富的文化产品，更好地满足城乡居民的多样性文化需求。推进全民健身，实现县县有 1 个综合性公共体育场馆，乡乡有 1 个灯光篮球场，村村（社区）有公共健身场所。加快推进城乡医疗卫生服务体系建设，积极引导和支持骨干医疗机构资源的合理分布，加大市（自治州）骨干医院和县级医院建设，构建区域医疗服务中心；推进重点卫生院集中布局到中心乡镇，引导和支持医师等卫生人才资源向基层配置，到 2015 年，实现城市社区每万名居民有 1~2 名全科医生，农村每个乡镇卫生院至少有 1 名全科医生，实现村村（社区）有卫生室。进一步加大人口计生公共服务体系和人口信息化建设力度，创新利益导向政策，大力提高出生人口素质，全力遏制出生人口性别比偏高，加快推进流动人口计划生育基本公共服务均等化，继续降低人口出生率和自然增长率。

（5）切实加强和创新社会管理。各地要坚持发展第一要务和稳定第一责任"两手抓"，坚持源头治理、动态管理、应急处置相结合，化解社会矛盾，减少发展阻力，降低社会风险，维护社会和谐稳定。推广"贵阳经验"，开展"新型社区、温馨家园"活动，实现城乡社区综合服务全覆盖；推广"余庆经验"，推行矛盾纠纷排查化解的"一线工作法"，实现小事不出村、大事不出镇、难事不出县、矛盾不上交；推广"铜仁经验"，建立重大决策和重大项目社会稳定风险评估机制，积极预防和化解各类社会矛盾。严厉打击威胁群众安全感的暴力犯罪和"两抢一盗"等多发性侵财犯罪，强化流动人口、特殊人群和"两新组织"的管理服务，深化基层平安创建活动，实施城乡"天网工程""技防入户"工程等治安防控体系建设，加强社会管理综合治理，强化公共安全体系和企业安全生产基础建设，遏制重特大安全事故，切实提高社会安全指数和人民群众对社会治安的满意度。

（6）提高基层民主法制建设水平。各地要切实完善基层民主制度，健全基层党组织领导的充满活力的基层群众自治机制，在城乡社区治理、基层公共事务和公益事业中，扩大有序参与、推进信息公开、加强议事协商、强化权力监督，保障人民享有更多更切实的民主权利。开展村（居）务公开民主管理和民主自治村（社区）示范建设活动。建立健全党务公开、政务公开、司法公开和各领域办事公开制度，保障人民群众参与监督管理的民主权利。推进依法行政，切实做到严格规范文明公正执法。深入开展法制宣传教育，开展法律进机关、乡村、社区、学校、企业、单位、家庭"七进"活动，增强全社会学法尊法守法用法意识。加强县级行政服务中心和乡村便民利民服务中心（站）的建设、运行和管理，提高行政审批效率，方便群众办事，推动政府职能向创造良好发展环境、提供优质公共服务、维护社会公平正义转变。健全权力运行制约和监督体系，建立完善涉及民生的重要决策听取当地群众意见建议的制度和机制，充分听取群众意见，切实防止和及时纠正损害群众利益的问题。开展诚信县、诚信乡镇、诚信村（社区）、诚信农民建设，提高县级政府行政服务群众满意度。广泛开展民族团结进步活动，加强民族政策教育，促进各民族团结和睦、繁荣发展。

（7）推进美丽乡村建设。大力开展村容村貌、整脏治乱、节能减排、生态建设"四项整治"，认真实施优美环境工程，提升城乡风貌和环境质量水平。大力开展"四在农家、美丽乡村"创建活动，支持和引导农村改水、改厨、改厕、改圈，因地制宜建设山水田园村寨和民族特色村寨，全面改善农村生产生活条件；深入开展整脏治乱，全面推进环境综合整治，改善人居环境；加快石漠化综合治理，推进小流域治理、水土保持和重点生态项目建设，完成重要生态功能区保护任务，促进森林覆盖率和蓄积量双增长；推进节能、节水、节地示范县建设，加强空气、水体、噪声、土壤污染防治和监管工作，努力促进单位生产总值能耗、用水量和主要污染物排放总量"三个下降"，建设天蓝、地绿、水净的美好家园。

三、支持政策

（1）改革创新政策。深化行政审批制度改革，省直各部门、各市（自治州）要认真落实扩权强县的政策措施，法律、法规、规章规定省级、市级政府及其所属部门行使的行政审批等管理权，可以依法下放、授权或委托给县（市）政府。优化行政区域空间布局，争取支持推进撤县设市（区）和省直管县试点，稳步推进"撤乡建镇""撤镇改办"工作，开展扩权强镇试点，增强县域自主发展能力和统筹发展能力。深化省直管县财政改革，完善省市县规范、明晰的税收分享体制和税收征管制度，规范省市县收入划分，明确市县支出责任。开展统筹城乡综合配套改革和农村改革试验试点，推进城乡发展一体化、户籍制度及农村产权制度改革，开展农村土地承包经营权、宅基地使用权以及林权等抵押贷款试点。加大县域投融资改革力度，支持规范推进县域投融资平台建设，加快建立和完善适应县域同步小康创建的投融资体制机制。

（2）产业、财税、金融、用地政策。按照主体功能区等建设发展规划，认真落实差别化产业政策，统筹推进"5个100工程"发展平台建设，优先支持适合当地特色资源开发、具有较好产业基础和城镇支撑条件的重点项目。加大财力性转移支付力度，增加省级用于县域经济社会发展的专项资金规模，加大省级财政专项资金整合力度，提高项目资金的使用质量和效益，落实好"中央安排的公益性建设项目，取消县以下（含县）以及集中连片特殊困难地区市地级配套"的政策。认真落实税收优惠政策，切实提高税收征管质量和效率，提升纳税服务水平，确保税收收入随经济增长而稳定增长。鼓励金融机构加大扶持"三农"的力度，推进农村信用社改革，鼓励和支持县域法人金融机构将新增可贷资金70%以上留在当地使用，支持金融机构不断扩大扶贫贴息贷款规模，小额贷款公司和融资性担保公司覆盖到乡镇，服务"三农"和小微企业。支持市（自治州）、县（市、区）政策性农业和扶贫开发信用担保体系建设；引导和鼓励各类金融机构到县（市、区）设立分支机构；鼓励支持设立村镇银行、小额贷款公司；鼓励保险机构发展农业保险，扩大农业保险保费补贴范围；大力发展政策性农业保险，将水稻、马铃薯、核桃等大宗农产品纳入保险范围，鼓励商业性保险机构开发适合农业、农村和农民需要的保险产品和服务。加大用地支持和保障力度，省里建设用地指标重点向开发区和园区倾斜；实施城乡建设用地增减挂钩政策，注重利用现有的存量工矿地、国有企事业单位改革调整后的闲置场地；用足用好全国开发未利用低丘缓坡实施工业和城镇建设试点地区政策。

（3）人才政策。认真贯彻《中共贵州省委关于进一步实施科教兴黔战略大力加强人才队伍建设的决定》（黔党发〔2012〕31号），落实好科研启动经费和创新创业资助、高层次急需紧缺人才引进、职称岗位放宽等政策措施，着力培养和引进一大批在县域全面建设小康社会中用得上、留得住、能解决实际问题的各类人才。鼓励和引导高校毕业生到乡（镇）创业就业，引导人才向产业发展、园区建设和社会服务等重点领域集聚。扩大县级人事人才自主权，在编制定额之内，县以下事业单位人员由县级自主聘用、自主管理。

（4）对内对外开放政策。鼓励承接国内外产业转移，支持构建产业承接平台，用足用好国家支持加工贸易向中西部转移的政策，支持建设产业转移承接基地、外贸转型升级示范基地和服务外包示范基地。鼓励利用资源等优势参与区域经济合作，围绕主导产业链和产业集群招商，吸引国内外优强企业到湖南省各县（市、区）投资兴业。简化审批事项、优化办事流程、限定办理时限，不断优化对外开放环境。

（5）分类推进政策。鼓励发展先进县增创新优势，培育更多的经济强县。赋予经济强县更大的发展自主权，建设用地使用指标、资源要素分配等方面向经济强县倾斜，鼓励经济强县率先达到全面小康目标。支持发展中等县尽快达到全面小康目标。对发展困难县给予重点帮扶，进一步加大财政转移支付力度，建立省级领导、省直部门定点联系发展困难县的制度，建立经济强县与发展困难县的对口帮扶制度，开展经济协作，兴办合作项目。

四、实施步骤

（1）启动实施。从 2013 年初开始，省、市、县三级同时启动创建活动，着重抓好力量组织、方案制定、宣传发动等工作。省、市、县三级分别成立全面小康建设工作领导小组及办公室，以及有关的工作机制和工作制度。省全面小康建设工作领导小组负责制定以县为单位全面建设小康社会统计监测考评实施办法和必要的报表制度；各市（自治州）要制定出台本地区同步小康创建活动推进方案，提出发展先进县、发展中等县、发展困难县分类推进的具体要求，明确分步达标的县（市、区），推动所辖县（市、区）尽快启动创建活动；各县（市、区）要制定出台同步小康创建活动具体实施方案和行动计划，因地制宜确定加快全面小康社会建设的发展思路、主要目标、重点任务和保障措施等，科学确定申报达标认定的目标年度和时序进度。各市（自治州）、县（市、区）要组织召开动员大会，全面部署同步小康创建活动；组织开展学习培训和宣传教育，统一思想、营造氛围、凝聚共识，让同步小康创建活动家喻户晓、深入人心，充分激发广大干部群众参与同步小康创建活动的积极性、自觉性和主动性。各县（市、区）党委、政府要认真做好创建目标的申报工作，按照《贵州省以县为单位全面建设小康社会统计监测指标体系》，对本地全面建设小康社会实现程度进行测算，提出 2020 年以前达到全面小康的目标年，以及分年度的进展目标和工作措施，按程序报审后，作为全面小康县统计监测考评和认定的主要依据；准备提前实现全面小康目标的县（市、区），还要申报 2020 年以前提升全面小康水平和基本实现现代化的目标任务，作为统计监测考评的依据。

（2）统筹推进。重点抓好全面小康主要任务的落实，开展统计监测，组织达标攻坚，抓好示范建设。省全面小康建设工作领导小组要统筹推动全面小康重点任务，组织实施好重点领域的重大工程、重点项目建设；各市（自治州）要统筹抓好本地区全面小康重点任务和相关政策措施的落实；各县（市、区）要充分发挥主体作用，全面推进各项创建任务落实。省全面小康建设工作领导小组办公室要按照"依法统计、分级负责、部门把关、统计综合"和"谁出数、谁负责"的原则，指导市（自治州）、县（市、区）和省直部门、有关单位开展统计监测工作，分类开展进度考评、认定考评和提升考评工作；省统计局负责指导、汇总、审定统计监测数据，省直各有关部门和单位负责所监测的指标数据采集、评审、上报及数据质量；各级统计部门负责协调同级有关部门共同做好统计监测数据采集、审核、加工、管理工作；统计监测数据每年由省全面小康建设工作领导小组办公室统一发布，其他地方、部门和单位不得对外公布。省、市、县三级要根据统计监测情况，准确把握全面建设小康社会的进程，及时查找薄弱环节，深入分析存在的问题及原因，集中力量攻坚克难，确保同步小康创建的各项任务全面完成。抓好同步小康创建示范建设，树立同步小康创建示范县、同步小康创建示范乡镇和同步小康创建示示范村（社区）典型，带动全面小康建设。

（3）达标认定。重点抓好对照检查、达标申报、考评认定等工作。在全面建成小康社会的目标年，县（市、区）党委、政府要开展对照检查，形成自查报告，提出达标认定验收的申请，经市（自治州）党委、政府审核后，报省全面小康建设工作领导小组办公室。省全面小康建设工作领导小组办公室要组织省直有关部门开展达标认定验收工作，于次年上半年进行初步审核，测算全面建设小康社会实现程度，形成数据评估报告；对通过初步审核的县（市、区）采取入户调查、电话调查和网络调查等方式，开展群众认可度测评，组织开展实地验收。对全面建设小康社会实现程度达到90%、三个核心指标均达标、人民群众认可度达到80%以上，并通过实地验收的县（市、区），由省全面小康建设工作领导小组办公室按程序公示、审核，报省全面小康建设工作领导小组批准，以省有关部门名义命名为"贵州省同步小康创建达标县（市、区）"。

（4）巩固提升。重点抓好巩固提升全面小康水平、推进现代化建设、进而率先初步实现现代化等工作。对已认定的"贵州省同步小康创建达标县（市、区）"，省全面小康建设工作领导小组办公室和相关市（自治州）要继续对其开展统计监测，指导做好全面小康指标巩固、完善、提升等工作。同步小康创建达标县（市、区）党委、政府要在申报达标时提交巩固提升方案，明确奋斗目标、细化工作措施，巩固已经达标的指标，推进未达标的指标达标，提升核心指标水平；在巩固全面小康成果基础上，有条件的地方要率先向初步实现现代化迈进，帮助发展中等县和发展困难县加快实现同步小康，为全省到2020年与全国同步全面建成小康社会多做贡献。

五、组织领导

（1）建立同步小康创建的领导体制和工作机制。成立由省委主要领导任组长，省委、省政府有关领导任副组长，省级有关部门主要负责人为成员的省全面小康建设工作领导小组，领导小组办公室设在省委政策研究室，负责联络联系、协调指导等日常工作。省直部门和有关单位要切实发挥职能作用，提出推进同步小康创建的具体指导意见和措施，全力参与创建活动。各市（自治州）、县（市、区）要相应成立全面小康建设工作领导小组，领导小组办公室设在同级党委政策研究室。建立省、市、县、乡、村五级联动的创建工作机制，形成同步小康创建合力。

（2）突出市域统筹、县为主体。市（自治州）党委、政府要对所辖县（市、区）同步小康创建活动作出总体安排，统筹抓好跨县域基础设施、优势产业、民生改善、社会管理等重大项目建设，统筹抓好区域规划、资源整合、要素配置和相关政策措施的落实，统筹抓好所辖县（市、区）同步小康的统计监测、督促指导和有序推进，力争所辖县（市、区）尽快全部达标。各县（市、区）党委、政府要充分发挥主体作用，全面落实各项创建任务，力争在重点领域有所突破，确保按期全面建成小康社会。

（3）推动社会协同、全民参与。按照不同领域、不同地域特征，切实加强农村基层党建，实现党的基层组织建设全覆盖，使之成为推动发展、服务群众、凝聚人心、促进和谐的坚强战斗堡垒。发挥基层各类组织协同作用，引导和支持各行业协会、公益慈善组织、社会团体等社会组织及社会各界，充分发挥自身优势，积极参与同步小康创建活动。鼓励工商企业等自觉参与同步小康创建活动，促进更多的家庭早日达到全面小康生活水平。

（4）强化督查指导。省全面小康建设工作领导小组办公室，省委、省政府督查室每半年对各地同步小康创建活动开展一次督促检查。将同步小康创建纳入省委巡视工作的重要内容，及时督促指导各地抓好同步小康创建活动各项工作任务的落实。省级各职能部门和单位要认真履行职责，积极主动地抓好工作指导。建立创建活动专家咨询制度，采取咨询会、论证会等多种形式，在发展的战略定位、基础设施建设、优势产业培育、公共服务体系建设等全面小康重点领域，充分听取专家意见，切实推进科学决策、民主决策，不断提升创建活动和科学发展、跨越发展的水平。

（5）健全激励机制。实行同步小康创建目标责任制，将同步小康创建纳入省直部门、各市（自治州）、县（市、区）的年度考核。对完成年度创建任务的县（市、区），在政策、资金和项目等方面给予倾斜，对未完成目标任务的予以通报批评；对同步小康创建活动中成绩突出的市（自治州）、县（市、区）党委、政府给予表彰奖励。严格执行分级负责制和责任追究制，对敷衍塞责、工作不力，影响全省同步小康创建进程的单位和责任人，严肃追究责任。

（6）营造良好创建氛围。在全省开展"我心中的小康社会"等主题宣传活动，及时大力宣传创建活动的重要意义、总体要求、主要目标、重点任务和工作举措，提高全省干部、群众对同步小康创建活动知晓率、认同感和参与度。及时总结宣传同步小康创建的典型经验，宣传同步小康的创建成就，营造良好的创建氛围。

2013年1月底以前，各市（自治州）、县（市、区）党委、政府，省直相关部门和单位要制定同步小康创建活动实施方案和工作细则，报省全面小康建设工作领导小组办公室。

参考文献

本报评论员．让全面小康激荡中国梦［N］．人民日报，2015－02－26．

本刊首席时政观察员．八年攻坚，向全面建成小康社会冲刺［J］．领导决策信息，2012（11）．

编写组．全面建设小康社会学习读本［M］．北京：中共中央党校出版社，2002．

陈杰．广东省基本实现现代化指标体系及其预测［J］．中国软科学，2000（1）．

程晞．总体小康与全面小康［J］．中国统计，2003（2）．

楚国良．湘潭全面建成小康社会进程评价研究［EB/OL］．互联网文档资源（http：//www.360doc.co），2015－07－20．

党的十二大提出建设中国特色社会主义：拨云见日启航程［EB/OL］．新华网，http：//news.xinhuanet.com/politics/2014－11/03/c_127173136.htm．

邓军，龙晓菲．浅谈"小康"概念的历史演进［J］．涪陵师范学院学报，2003（5）．

邓小平．邓小平文选（第二卷）［M］．北京：人民出版社，1994．

邓小平．邓小平文选（第三卷）［M］．北京：人民出版社，1993．

董四代，杜鸿林，贾乾初．全面建设小康社会与中国传统社会理想［J］．天津师范大学学报（社会科学版），2003（2）．

冯契．中国近代哲学史［M］．上海：上海人民出版社，1981．

傅定法，徐燕椿．关于现代化理念及指标的探讨［J］．宁波大学学报，2001（4）．

高举中国特色社会主义伟大旗帜　为夺取全面建设小康社会新胜利而奋斗——在中国共产党第十七次全国代表大会上的报告［EB/OL］．人民网，http：//cpc.people.com.cn/GB/104019/104099/6429414.html．

广西实现全面建设小康社会目标课题组．2020年前广西产业及需求结构的预测与分析［R］. 2008.

广西实现全面建设小康社会目标课题组. 对广西提前实现人均生产总值翻两番能力的定量研究［R］. 2008.

广西壮族自治区国民经济和社会发展第十三个五年规划纲要［N］. 广西日报，2016 – 06 – 05.

广西壮族自治区人民政府"关于中国—马来西亚钦州产业园区开发建设优惠政策的通知"（桂政发［2012］67 号）［Z］. 2012 – 09 – 18.

广西壮族自治区人民政府关于落实 2016 年"政府工作报告"重点工作部门分工的通知，"广西壮族自治区人民政府公报"［Z］. 2016 – 03 – 30.

广西壮族自治区统计局编. 广西统计年鉴 2001［M］. 北京：中国统计出版社，2001.

广西壮族自治区统计局编. 广西统计年鉴 2006［M］. 北京：中国统计出版社，2006.

广西壮族自治区统计局编. 广西统计年鉴 2011［M］. 北京：中国统计出版社，2011.

广西壮族自治区统计局编. 广西统计年鉴 2016［M］. 北京：中国统计出版社，2016.

广西壮族自治区与云南省签订战略合作实施协议［N］. 广西日报，2013 – 01 – 11.

桂湘进一步深化合作　将加速对接高速公路［EB/OL］. 湖南省交通运输厅网站，2014 – 07 – 10.

国家发改委宏观经济研究院课题组. 全面建设小康社会的目标和任务（总报告）［J］. 经济研究参考，2014（2）.

国家发展改革委宏观经济研究院课题组. 全面建设小康社会指标体系的主要观点［J］. 红旗文稿，2006（3）.

国家统计局统计科学研究所课题组. 2008 年我国全面建设小康社会取得新进步［J］. 中国信息报，2009（12）.

国务院办公厅. 关于支持中国—马来西亚钦州产业园区开发建设的复函.

何光一. 对现代化测评指标体系中核心指标人均 GDP 标准值的看法［J］. 山东统计，2001（2）.

何休《春秋公羊解诂》。

洪迈《夷坚甲志·五郎君》。

胡锦涛. 高举中国特色社会主义伟大旗帜　为夺取全面建设小康社会新胜利而奋斗——在中国共产党第十七次全国代表大会上的报告［EB/OL］. 人民网，

http：//paper. people. com. cn/rmrb/html/2007 – 10/25/content_ 27198418. htm.

胡锦涛. 坚定不移沿着中国特色社会主义道路前进　为全面建成小康社会而奋斗——在中国共产党第十八次全国代表大会上的报告［EB/OL］. 人民网，http：//cpc. people. com. cn/n/2012/1118/c64094 – 19612151. html.

黄佳玲. 小康问题研究综述［J］. 经济学情报，1996（4）.

简文湘. 钦州港与马来西亚关丹港缔结姐妹港［N］. 广西日报，2014 – 09 – 16.

江东洲. 落实"四个全面"战略布局　不断谱写祖国南疆繁荣稳定新篇章［N］. 科技日报，2015 – 03 – 13.

江泽民. 全面建设小康社会　开创中国特色社会主义事业新局面——在中国共产党第十六次代表大会上的报告［EB/OL］. 中国网，http：//www. china. com. cn/guoqing/2012 – 08/30/content_ 26379075. htm.

江泽民. 论有中国特色社会主义［M］. 北京：中央文献出版社，2002.

江泽民. 全国建设小康社会，开始中国特色社会主义事业新局面［M］. 北京：人民出版社，2002.

姜玉山，朱孔来. 现代化评价指标体系及综合评价方法［J］. 统计研究，2002（1）.

兰州市人民政府办公厅. 关于印发兰州市深入推进全面建成小康社会工作的实施意见的通知（兰政办发〔2014〕218号）［Z］. 2014.

《礼记·礼运·大同篇》。

李君如. 我国进入小康社会［J］. 毛泽东邓小平理论研究，2000（1）.

李培林，朱庆芳. 中国小康社会指标体系研究［EB/OL］. 中国社会科学院网.

李庆松等. 全面建设小康社会的时代背景和实践要求［J］. 衡水师专学报，2003（3）.

李善同，侯永志等. 详细解读全面建设小康社会指标体系的16指标［EB/OL］. 中国网，http：//www. china. com. cn/chinese/zhuanti/515664. htm.

李燕. 关于经济欠发达地区文化建设的思考［J］. 学理论，2012（6）.

梁隽. 贵州省同步小康创建注重发展与环境相协调［N］. 贵州日报，2013 – 08 – 08.

领会全面建设小康社会奋斗目标新要求［EB/OL］. 中青网，2007 – 11 – 12.

刘俊田，林松，禹克坤. 四书全译［M］. 贵阳：贵州人民出版社，1988.

骆万丽. 邕湛海关联推环北部湾港口群竞合发展两地四方深化合作备忘录正

式签署［N］．广西日报，2014 – 11 – 02.

马崇明．我国现代化进程测度指标体系的构建［J］．统计与决策，2002（4）．

马崇明．中国现代化标准的设定、测度与政策建议［J］．经济研究，2001（3）．

庞丽萍．广西实现"两个翻番"目标的思考［J］．广西经济，2015（11）．

人民日报评论员．让全面小康激荡中国梦——二论协调推进"四个全面"［N］．人民日报，2015 – 02 – 26.

仁怀市率先全面小康创建工作手册［EB/OL］．http：//max. book118. com/html/2015/0407/14498006. shtm.

任继愈．中国哲学史［M］．北京：人民出版社，1979.

邵雷鹏．广西实现与全国同步全面建成小康社会的对策研究［J］．沿海企业与科技，2016（3）．

史玉德．全面建设小康社会：中国特色社会主义发展的抉择与创新［J］．经济经纬，2003（1）．

市县短讯［J］．广西经济，2014（9）．

宋德生．广西宏观经济模型及景气预测［M］．北京：中国科学出版社，2005.

孙伟平．全面建设小康社会的价值理念［J］．理论研究，2003（2）．

孙中山．孙中山全集（第一卷）［M］．北京：中华书局，1981.

田强．马克思主义理论研究江泽民全面建设小康社会理论的内容构成及其意义［J］．求实，2003（3）．

王兵．传统小康社会思想与全面建设小康社会［D］．东南大学硕士学位论文，2004.

王海明．充分认识建设学习型马克思主义政党的重要意义［J］．社科纵横，2013（4）．

王松涛．小康社会：邓小平对传统大同思想的超越［J］．华南农业大学学报（社会科学版），2003（2）．

王晓红．黑龙江省全面建设农村小康社会问题研究［D］．东北农业大学硕士学位论文，2004.

王信东．关于现代化概念的思考——兼论衡量现代化水平的指标体系及模型［J］．数量经济技术经济研究，2001（3）．

王信东．知识经济与现代化［J］．经济师论坛，2001（3）．

习近平参加广西代表团审议［EB/OL］．新华网，http：//news. xinhuanet. com/politics/2015 – 03/08/c_ 1114560777. htm，2015 – 03 – 08.

习近平会见参加 APEC 会议 5 经济体领导人［N］．人民日报（海外版），2014 – 11 – 11.

习近平总书记在十八届中央政治局常委与中外记者见面会上的讲话"人民对美好生活的向往就是我们的奋斗目标"［EB/OL］．新华网，2012 – 11 – 15.

徐加明．中国传统小康思想及其影响［J］．经济问题探索，2003（12）.

杨会春．推动经济持续健康发展的战略部署［J］．新湘评论，2013（1）.

杨晶石．从总体小康到全面小康 中国式现代化的必经之路［D］．哈尔滨理工大学硕士学位论文，2007.

杨宜勇．对全面建成小康社会目标的战略分析［Z］．人民论坛·学术前沿，2015 – 08 – 12.

叶俊东．中国现代化的"坐标"［J］．瞭望新闻周刊，2002（13）.

张爱飞．论全面建设小康社会发展观的新突破［J］．宁夏党校学报，2003（5）.

章远新．加快"富民强桂"新跨越的行动纲领——解读广西"十二五"规划纲要［J］．当代广西，2011（6）.

赵洪祝．在中国共产党浙江省第十三次代表大会上的报告［J］．政策瞭望，2012（6）.

中共中央关于制定国民经济和社会发展第十三个五年规划的建议［N］．人民日报，2015 – 11 – 04.

中国—马来西亚钦州产业园区简介［EB/OL］．中国—马来西亚钦州产业园区门户网站，http：//www. qip. gov. cn/.

中国统计学会"综合发展指数研究"课题组．综合发展指数研究报告［N］．中国信息报，2011 – 07 – 08.

中华人民共和国国家统计局编．中国统计年鉴2001［M］．北京：中国统计出版社，2001.

中华人民共和国国家统计局编．中国统计年鉴2006［M］．北京：中国统计出版社，2006.

中华人民共和国国家统计局编．中国统计年鉴2011［M］．北京：中国统计出版社，2011.

中华人民共和国国家统计局编．中国统计年鉴2016［M］．北京：中国统计出版社，2016.

周礼·仪礼·礼记［M］．长沙：岳麓书社，1991.

朱军浩．全面建设小康社会的指标体系及政策保障［D］．复旦大学博士学位论文，2004.

朱庆芳．小康社会及现代化指标体系评价方法［J］．中国现代化研究论坛，2003（3）．

朱熹《朱文公文集·答陈同甫》。

陈武．政府工作报告［N］．广西日报，2016－02－01.

后 记

　　小康社会思想在我国源远流长，是人民群众对美好生活的期待和向往。我们现在所说的小康、全面小康，是我国社会主义现代化建设中一个历久弥新的方针和路线，是以中华民族伟大复兴为目标的伟大创举。全面建成小康社会是我国两个百年奋斗目标的第一个，即在中国共产党成立一百年时全面建成小康社会。

　　"要与全国同步建成小康社会"是广西壮族自治区党委十届三次全会和广西壮族自治区十二届人大一次会议提出的奋斗目标，凝聚了 5000 多万壮乡各族人民的美好夙愿和热切期盼。经过近年来的跨越式发展，广西经济社会建设迈上了新台阶，广西在国家区域发展总体格局中的地位明显提高，在国家对外开放战略中的作用更为凸显。综合分析"十三五"时期广西发展面临的形势，虽有诸多挑战，但也面临着重大的发展机遇，完全有能力也有可能在 2020 年与全国同步建成小康社会。

　　本书主要依据《自治区统计局关于开展全面建成小康社会统计监测工作的通知》（桂统字〔2014〕38 号）设置的全面建成小康社会统计监测指标、权重和目标值进行测算，主要数据来源于政府公开出版的统计年鉴、统计公告、部门总结以及"两报一刊"刊登的新闻报道等。本书测算的全面建成小康社会实现程度结果仅作为学术研究使用，与政府考核无关。

　　本书在研究和写作的过程中，得到了很多人的大力支持和帮助。广西社会科学院数量经济研究所宋德生研究员在本书框架设计阶段提供指导，为本书的写作指明了方向。广西社会科学院陈洁莲研究员、毛艳副研究员、姚华副研究员、柯丽菲高级经济师为本书的写作和出版提供了很好的建议。我的研究生导师，广西大学阳国亮教授为本书的写作和出版提供了诸多指导，并给出了很多有益的修改意见。广西统计局李美才研究员、自治区政府研究中心邹荣林研究员、自治区社科联庞隆昌研究员、自治区发改委陈衍康研究员、自治区北部湾和东盟合作办公室杨斌副巡视员、自治区党校陈学璞教授、自治区党委政研室玉丕民研究员为本书的修改完善提供了非常宝贵的意见。本书得到广西社会科学院出版基金资助出版，广西社会科学院科研管理处为本书的出版做了大量工作，在此一并致谢。